Thüringer evangelische Parochialpublizistik

Religiöse Bildung im Diskurs

Band 1

Thüringer evangelische Parochialpublizistik

Im Spiegel der »Mitteilungen für die
Thüringer Heimatglöckner« (1917–1919)

Eingeleitet und herausgegeben
von Thomas Heller und Michael Wermke

EVANGELISCHE VERLAGSANSTALT
Leipzig

Bibliographische Information der Deutschen Nationalbibliothek
Die Deutsche Nationalbibliothek verzeichnet diese Publikation in der
Deutschen Nationalbibliographie; detaillierte bibliographische Daten
sind im Internet über http://dnb.dnb.de abrufbar.

© 2013 by Evangelische Verlagsanstalt GmbH · Leipzig
Printed in Germany · H 7599

Das Werk einschließlich aller seiner Teile ist urheberrechtlich geschützt.
Jede Verwertung außerhalb der Grenzen des Urheberrechtsgesetzes ist ohne
Zustimmung des Verlags unzulässig und strafbar.

Das Buch wurde auf alterungsbeständigem Papier gedruckt.

Cover und Layoutentwurf: Kai-Michael Gustmann, Leipzig
Coverbild: Jan-Peter Kasper, Jena
Satz: Mario Moths, Marl
Druck und Binden: Docupoint Magdeburg

ISBN 978-3-374-03206-8
www.eva-leipzig.de

Vorwort

Evangelische Gemeindeblätter stellen eine weithin unter-
schätzte, allerdings höchst aufschlussreiche serielle Quelle
zur Erforschung regionaler Kirchen- und auch Bildungs-
geschichte dar. Die Anfänge derartiger evangelischer Parochialpublizistik liegen in der Mitte des 19. Jahrhunderts.
Entsprechende Herstellungsbedingungen und Distributi-
onsmöglichkeiten boten die Voraussetzung für eine preis-
werte und bald flächendeckende Verbreitung dieser Presseerzeugnisse, die sich auf dem Gebiet des heutigen Bundeslandes
Thüringen seit 1897/1898 nachweisen lassen und die bis zu
ihrem abrupten Ende im Jahr 1941 die evangelische Presselandschaft in Thüringen maßgeblich prägen sollten. Vor dem
Hintergrund der im letzten Drittel des 19. Jahrhunderts in
voller Stärke einsetzenden, weitreichenden Säkularisierungs-,
Pluralisierungs- und Urbanisierungsprozesse stand dabei in
dieser Thüringer evangelischen Parochialpublizistik von Anfang an die Stärkung einer (in den Quellen oft miteinander
eng verwobenen) kirchlichen und heimatlichen Verbundenheit im Mittelpunkt, auch wenn immer wieder spezifische
historische Kontexte wie beispielsweise der Erste Weltkrieg
oder die Gründung der »Thüringer Evangelischen Kirche«
im Jahr 1920 zu deutlich wahrnehmbaren Präzisierungen der
publizistischen Arbeit beitrugen.

Verfasser und Herausgeber der Thüringer evangelischen
Gemeindeblätter waren in erster Linie Ortspfarrer und en-
gagierte Gemeindemitglieder. Der besondere Wert »ihrer«
Gemeindeblätter für die regionale Kirchen- und auch Bil-

dungsgeschichtsforschung lässt sich dabei in mannigfacher Hinsicht explizieren. So können, um nur ein ausgewähltes Beispiel zu nennen, die Thüringer evangelischen Gemeindeblätter als Ausdruck eines mit den Thüringer evangelischen Landeskirchen bzw. (ab 1920) der »Thüringer Evangelischen Kirche« eng verknüpften, jedoch auch wahrnehmbar darüber hinaus reichenden evangelischen Christentums gedeutet werden, welches nun in den Gemeindeblättern öffentlich miteinander kommunizierte und in dieser Form u.a. kirchenpolitische Entscheidungen auf demokratischem Wege anzubahnen sowie weitreichende religiöse Volkserziehungs- und -bildungsprozesse zu verwirklichen suchte (s. dazu jeweils genauer in der folgenden thematischen Einleitung). In den Thüringer evangelischen Gemeindeblättern wird so über den langen und wechselvollen Zeitraum vom Deutschen Kaiserreich bis hinein in den Zweiten Weltkrieg ein thematisch höchst vielfältig ausdifferenzierter, von der evangelischen »Basis« geführter Diskurs zugänglich, der sich aus zeitgenössischen kirchenamtlichen Verlautbarungen, überregionalen Zeitschriften oder Monografien nicht rekonstruieren lässt.

Vor diesem Hintergrund hat sich das Jenaer »Zentrum für Religionspädagogische Bildungsforschung« (ZRB) gemeinsam mit der Jenaer »Thüringer Universitäts- und Landesbibliothek« (ThULB) und dem »Landeskirchenarchiv Eisenach« der »Evangelischen Kirche in Mitteldeutschland« sowie mit Unterstützung des Jenaer Landesgraduiertenkollegs »Protestantische Bildungstraditionen in Mitteldeutschland« der Aufgabe gestellt, evangelische Gemeindeblätter, welche im Bereich der Thüringer evangelischen Landeskirchen bzw. der »Thüringer Evangelischen Kirche« erschienen sind, im Digitalisierungsprojekt »Kirchliches und schulisches Zeitschriftenwesen für den Bereich der Thüringer Landeskirchentümer vom Ende des 18. bis zum ersten Drittel des 20. Jahrhunderts« online zur Verfügung zu stellen.[1] Hinzu tritt mit dieser Quellensammlung die Veröffentlichung ausgewählter Texte der zwischen 1917 und (mindestens) 1919 erschienenen Zeitschrift »Mitteilungen für die Thüringer Heimatglöckner«, die als Verbandsorgan der »Freunde von Gemeindeblättern in Thüringen« ein unverzichtbares Hilfsmittel für die Erschließung der am Ende des Ersten Weltkrieges bzw. zu Beginn der Weimarer Republik erschienenen Thüringer evangelischen Gemeindeblätter darstellt – haben sich doch in dieser vorwiegend im Vierteljahresabstand erschienenen Zeitschrift die maßgeblichen Akteure der Thüringer evangelischen Parochialpublizistik über Zielstellung, Inhalt, Gestaltung, Finanzierung oder Vertrieb »ihrer« Gemeindeblätter im entsprechenden Zeitraum (durchaus kontrovers) verständigt.

Die in dieser Quellensammlung zugängliche, chronologisch geordnete Auswahl an Texten veröffentlicht dabei sämtliche der in den »Mitteilungen für die Thüringer Heimatglöckner« erschienenen umfangreicheren Leitartikel, so beispielsweise »Unsere Heimatglocken – kirchliche Blätter« von Superintendent WALTHER FÖRTSCH (1867–1919) aus Ostheim vor der Rhön, »Die Heimatglocken und die Briefe des Apostels Paulus, eine Parallele« von Pfarrer EDUARD LEISKE (1863–1933) aus Ulla bei Weimar oder »Die Heimatglocken als Dienst der Heimatgemeinde an der Feldgemeinde« von Pfarrer JOHANN THÖLLDEN (1876–1940) aus Martinroda. Weitere Autoren dieser Leitartikel sind neben PAUL NIESE (s.u.) Pfarrer HANS KÖLLEIN (1860–1935)

---

[1] Vgl. dazu die Homepage des Projekts unter www.urmel-dl.de/Projekte/ KirchlichesundSchulischesZeitschriftenwesen/Projekt.html.

aus Warza, Pfarrer JOHN MÖLLER (1861–1950) aus Eichfeld,
Superintendent i.R. OSKAR MÜLLER (1846–1923) aus Gotha
sowie Pfarrer KARL FRIEDRICH THEODOR WEISFLOG (1857–
1929) aus Plauen. Zu diesen Artikeln hinzu treten (maßgeblich aus Tagungsberichten bestehende) Texte, die Auskunft
über die Organisation und Vernetzung der »Freunde von
Gemeindeblättern in Thüringen« bieten, sowie ausgewählte
kürzere Texte, die in der speziellen Rubrik »Mitteilungen«
erschienen und vorrangig informatorischen Charakter bezüglich der Thüringer evangelischen Parochialpublizistik
tragen. Maßgeblich wurde insbesondere die letztgenannte
Textsorte dabei vom Weidaer Superintendenten PAUL NIESE
(1864–1942), der von 1917 bis 1919 als Schriftleiter der »Mitteilungen für die Thüringer Heimatglöckner« agierte, verfasst.
Eine Einleitung zum Thema »Die ›Mitteilungen für die Thüringer Heimatglöckner‹ (1917–1919) vor dem Hintergrund
der Thüringer evangelischen Parochialpublizistik in der Zeit
des Deutschen Kaiserreiches, der Weimarer Republik und
des Nationalsozialismus« sowie ein Anhang mit einem Per-
sonenregister ergänzt schließlich diese Quellensammlung.
Kurz sei dabei noch darauf hingewiesen, dass typografische
Schriftzeichen behutsam modernisiert wurden (so wurden
Geviert- durch Bindestriche ersetzt usw.).

Die Herausgeber beabsichtigen mit der vorliegenden Publikation, einen Zugang zur reichhaltigen Quelle der Thüringer
evangelischen Parochialpublizistik zu eröffnen, die für die
regionale Kirchengeschichtsforschung von besonderer Rele-
vanz ist. In bildungsgeschichtlicher Hinsicht bieten (nicht
nur Thüringer) evangelische Gemeindeblätter darüber hinaus
eine wichtige und bislang weitgehend unbeachtete Grundlage für eine nicht allein auf die Schule fokussierte Erforschung

der volkserzieherischen und -bildnerischen Bestrebungen in der Zeit des Deutschen Kaiserreiches, der Weimarer Republik und des Nationalsozialismus. Möglich war der hier angestrebte Zugang zur Parochialpublizistik dabei nur, weil zahlreiche Personen am Digitalisierungsprojekt »Kirchliches und schulisches Zeitschriftenwesen für den Bereich der Thüringer Landeskirchentümer vom Ende des 18. bis zum ersten Drittel des 20. Jahrhunderts« und am Entstehen dieser Veröffentlichung tatkräftig mitgewirkt haben. Herzlich zu danken ist hier insbesondere dem stellvertretenden Direktor der »Thüringer Universitäts- und Landesbibliothek« (ThULB), Herrn MICHAEL LÖRZER, und seinen Mitarbeiterinnen und Mitarbeitern (insbesondere Herrn HANS-JÜRGEN HILLESHEIM), der Leiterin des »Landeskirchenarchivs Eisenach« der »Evangelischen Kirche in Mitteldeutschland«, Frau Dr. HANNELORE SCHNEIDER, und ihren Mitarbeiterinnen und Mitarbeitern (insbesondere Frau MARGITTA KÖPPE), sowie dem Sprecher des Landesgraduiertenkollegs »Protestantische Bildungstraditionen in Mitteldeutschland«, Herrn Prof. Dr. Dr. RALF KOERRENZ. Ebenfalls ist den Teilnehmerinnen und Teilnehmern des »Oberseminars Religionspädagogik« der Theologischen Fakultät der Friedrich-Schiller-Universität Jena für wertvolle Anmerkungen, Frau MARIA KÖHLER für die mühevolle Transkription der Quellen, Frau Dr. ANNETTE WEIDHAS von der »Evangelischen Verlagsanstalt« aus Leipzig für die engagierte Betreuung der Edition und dem religionspädagogischen Team der Theologischen Fakultät der Friedrich-Schiller-Universität Jena, insbesondere den studentischen Hilfskräften Frau VRENI GERICKE, Frau JOHANNA KLEIN, Frau CHRISTINA KOCH, Frau ANJA LINDIG und Frau ELISABETH SCHMIDT, für ihre Hilfe beim Erschließen der Quellen, bei Hintergrundrecherchen und beim Korrekturlesen herzlich zu danken. Ein besonders herzlicher Dank gilt schließlich auch der »Evangelischen Kirche in Mitteldeutschland« (in persona Herrn Kirchenrat Jens Walker) sowie ein zweites Mal dem Landesgraduiertenkolleg »Protestantische Bildungstraditionen in Mitteldeutschland« (in persona Herrn Prof. Dr. Dr. Ralf Koerrenz), die die vorliegende Publikation durch namhafte Druckkostenzuschüsse ermöglicht haben.

Jena, im November 2012   *Thomas Heller*
                                 Michael Wermke

INHALT

Die »Mitteilungen für die Thüringer Heimatglöckner« (1917-1919) vor dem Hintergrund der Thüringer
evangelischen Parochialpublizistik in der Zeit des
Deutschen Kaiserreiches, der Weimarer Republik
und des Nationalsozialismus

**Die »Mitteilungen für die Thüringer
Heimatglöckner«**

Thomas Heller, Michael Wermke

Die »Mitteilungen für die Thüringer Heimatglöckner« (1917–1919) vor dem Hintergrund der Thüringer
evangelischen Parochialpublizistik in der Zeit des
Deutschen Kaiserreiches, der Weimarer Republik und
des Nationalsozialismus

1. Einleitung

Der »christliche Blätterwald ist namentlich im letzten Jahr-
zehnt so außerordentlich stark angewachsen, daß die bisherigen Aufzählungen der allgemeinen Zeitschriftenkataloge
auf diesem Gebiet für den christlichen Buchhandel nicht
mehr als ausreichend bezeichnet werden können.«[1] Als diese
Vorbemerkung im Jahr 1908 in dem vom Verband evangelischer Buchhändler herausgegebenen »Verzeichnis
der evangelischen Presse« (Hamburg 1908) gedruckt wurde,
betrug die Anzahl der für die Thüringer Kleinstaaten ver-
zeichneten, zumeist im Abstand von wenigen Wochen oder
zumindest Monaten erscheinenden evangelischen Presseerzeugnisse gerade einmal 14 – darunter die Eisenacher
»Psalmenklänge« (Auflage: 500), das Altenburger »Pfarrhaus«
(Auflage: 2.000) oder das im Vergleich bereits auflagenstarke
Blankenburger »Evangelische Allianzblatt« (Auflage: 3.600).[2]
21 Jahre später hat sich die Situation dann grundlegend ge-

---

[1] Gustav Fick, Vorbemerkung, in: Verband evangelischer Buchhändler (Hrsg.), Verzeichnis der Evangelischen Presse, Hamburg 1908,
VIIf., VII.

[2] Vgl. Verband evangelischer Buchhändler (Hrsg.), Verzeichnis
der Evangelischen Presse, Hamburg 1908, 140f.

ändert: Das in der Tradition des o.g. Verzeichnisses stehende, mittlerweile von der VEREINIGUNG EVANGELISCHER BUCHHÄNDLER herausgegebene »Handbuch der Evangelischen Presse« (Leipzig 1929) kann nun für das Gebiet des seit dem Jahr 1920 existierenden Landes Thüringen immerhin 47 Zeitschriften verzeichnen – mit einer Gesamtauflage von über 336.000.[3] Innerhalb zweier Jahrzehnte hat sich damit die Anzahl evangelischer Zeitschriften auf dem Gebiet des heutigen Bundeslandes Thüringen exponential vermehrt.

Wesentlich zu dieser Vermehrung beigetragen hat die Entstehung einer umfangreichen evangelischen Parochialpublizistik, deren Anfänge in Thüringen in die letzten Jahre des 19. Jahrhunderts zurückreichen und die bis zu ihrem abrupten Ende im Jahr 1941 die Thüringer evangelische Presselandschaft maßgeblich prägen sollte. Im Folgenden soll nach einer kurzen, insbesondere die Zeit von ca. 1900 bis 1941 im Blick behaltenden Bestimmung des Begriffs der evangelischen Parochialpublizistik (Kapitel 2) genauer auf diese im genannten Zeitraum auf dem Gebiet des heutigen Thüringens eingegangen werden (Kapitel 3), bevor dann schließlich vor diesem Hintergrund die »Mitteilungen für die Thüringer Heimatglöckner« in den Blick geraten können (Kapitel 4). Diese Zeitschrift, die vorwiegend im Vierteljahresrhythmus von 1917 bis (vermutlich) 1919 erschien, fungierte als Verbandsorgan der »Freunde von Gemeindeblättern in Thüringen« – eines Vereins, der die Thüringer evangelische Parochialpublizistik in der vielschichtigen Übergangszeit des ausgehenden

---

3   Vgl. VEREINIGUNG EVANGELISCHER BUCHHÄNDLER (Hrsg.), Handbuch der Evangelischen Presse. Zweite, wesentlich erweiterte Auflage vom »Verzeichnis der Evangelischen Presse«. Bearbeitet von Gerhard Kauffmann unter Mitwirkung von August Hinderer, Leipzig 1929, 229f.

Deutschen Kaiserreiches (insbesondere während des Ersten Weltkrieges) sowie der entstehenden Weimarer Republik wesentlich prägte. Einige Anmerkungen zur Einstellung der Thüringer evangelischen Parochialpublizistik im Jahr 1941 sowie zur Situation nach 1945 werden diese Ausführungen dann abschließen (Kapitel 5).

2. ZUM BEGRIFF DER EVANGELISCHEN PAROCHIALPUBLIZISTIK

Die einer Parochialpublizistik zugehörigen Presseerzeugnisse werden oftmals auch unter dem Terminus »Sonntagsblätter« gefasst. Der Medienhistoriker GERHARD E. STOLL bestimmt diese in seiner Publikation »Die evangelische Zeitschriftenpresse im Jahre 1933« (Witten 1963) wie folgt: »Als ›Sonntagsblätter‹ werden die wöchentlich erscheinenden kirchlichen Zeitschriften bezeichnet, die sich an die Gesamtheit derer wenden, die an der Kirche, ihrer Lehre und ihrem Leben interessiert sind. Sie versuchen Glaube und Aktionen der Gesamtkirche in Bezug auf die anzusprechenden Gemeinden zu spiegeln. Verkündigung, Erbauung, Unterweisung, Unterrichtung, öffentliche Seelsorge stehen im Vordergrund. Auch unterhaltende Beiträge sind üblich. Infolge dieser Aussageintentionen und populärer Aussageweisen erreichen diese kommentierenden, unterhaltenden und informierenden Freizeitschriften teilweise hohe Auflagen [...]«[4].

Gleichwohl empfiehlt sich hier eine genauere Differenzierung. So merkt STOLL in seiner Studie, die in Ergänzung ihres

---

4   GERHARD E. STOLL, Die evangelische Zeitschriftenpresse im Jahre 1933, Witten 1963, 49.

auf das Jahr 1933 fokussierten Hauptthemas auch die historische Entwicklung der evangelischen Sonntagsblätter von ihrer Entstehung in der ersten Hälfte des 18. Jahrhunderts bis
zum Jahr 1933 nachzeichnet,[5] an: »Innerhalb dieses Großtyps

5 Vgl. a.a.O., 49-58. Die Ursprünge der Sonntagsblätter verortet STOLL dabei in
   den seit Beginn des 18. Jahrhunderts erscheinenden »moralischen Wochenschriften«: »Charakter und Bedeutung der evangelischen Sonntagsblattpresse lassen sich im einzelnen aus ihrem geschichtlichen Werden entwickeln.
   Der Ursprungsort [...] dieser Zeitschriften liegt in zeitlicher und geistiger
   Nachbarschaft der moralischen Wochenschriften. Populäre religiöse Journa-
   le wie die ›Menses Reservatii odei monatliche Übung bey Neben-Stunden
   zur Erbauung und Gemütsergötzung‹ (Leipzig 1703 bis 1706) oder die ›Amo-
   enitates Biblicae oder Biblische Belustigungen‹ (Bautzen 1724 bis 1733) dürfen als Vorläufer der Sonntagsblätter gelten. Schon vor der Mitte des 18. Jahrhunderts kann [dann] der Urtyp des Sonntagsblattes nachgewiesen werden.
   Kessler beschreibt das ›Hamburgischer Eltern und Kinder häusliches Sonn-
   tags- und Feiertagesgesprächsblatt‹, in Hamburg 1734 von Johann Friedrich
   Chlausenius herausgegeben, als das erste Periodikum, das als evangelisches
   Sonntagsblatt zu charakterisieren ist [vgl. ANGELA KESSLER, Ein Beitrag
   zur Geschichte der evangelischen Presse von ihrem Beginn bis zum Jahr
   1800 (im deutschen Sprachgebiet), München 1956, 290]. Dieser Titel bringt
   programmatisch entscheidende Faktoren der Sonntagsblattpresse zum
   Ausdruck, die auch zwei Jahrhunderte später wichtig sind und das Profil
   der Zeitschriften bestimmen: 1. Das Sonntagsblatt ist für den Sonntag und
   Feiertag bestimmt. [...] Offenbar will man schon durch die Verwendung des
   Begriffs ›Sonntag‹ an die Bedeutung dieses Tages für das christliche Verständ-
   nis erinnern: An den Wochenbeginn, den Tag der Auferstehung Christi, den
   Gottesdiensttag, den Feiertag gemäß dem Gebot. So wird eine feiertägliche
   Atmosphäre vorausgesetzt oder aber geschaffen, wodurch die Möglichkeit
   erbaulicher Wirkung gesteigert ist. 2. Das Sonntagsblatt ist einer Stadt oder
   einer Landschaft zugeordnet, also im Blick auf wichtige Teile seines Inhalts
   (Bekenntnisrichtung, Nachrichten, Anzeigen) standortgebunden. 3. Das
   Sonntagsblatt spricht verschiedene soziologische Gruppen an: Eltern und
   Kinder, auch unterschiedliche Stände und Berufe. Die Leserschaft ist kirchlich universal. 4. Das Sonntagsblatt ist an das Wohnhaus gebunden. Es wird
   nicht auf der Straße oder im Café gelesen, sondern in der Geborgenheit ›häus-
   licher‹ Umgebung. Dies ermöglicht persönliche Ansprache und intensive

[der Sonntagsblätter] sind nach dem Verbreitungsbereich und entsprechend nach dem Inhalt zwei Hauptgruppen zu unterscheiden: Die Kirchengebietsblätter, einschließlich der Synodenverbandsblätter, der Synodal- oder Dekanatsblätter, als die eigentlichen Sonntagsblätter, und die für den Bereich einer lokalen Gemeinde oder eines Gemeindeverbandes erscheinenden Gemeindeblätter im engeren Sinne. Da die Sonntagsblätter mit ihrem jeweilig ausgewechselten Lokalseiten oder Gemeindebeilagen direkt in die einzelne Gemeinde hineinwirken, sind sie zugleich Gemeindeblätter; ebenso enthalten die Gemeindeblätter die meisten Elemente der Sonntagsblätter und sind daher auch als solche anzusprechen.«[6]

Die Begriffe »Sonntags-« und »Gemeindeblatt« sind also semantisch unscharf, wobei sich allerdings die Gemeindeblätter durch ihren expliziten Bezug auf eine konkrete Gemeinde bzw. einen konkreten Gemeindeverband bzw. ihre explizite »Gemeindegemäßheit«[7] – die es entsprechend beim Sonntags-

---

Lektüre. 5. Das Sonntagsblatt ist Gesprächsblatt. Es sollen daraus Andachten und Erzählungen vorgelesen werden, die auch zu Gesprächen Anlaß bieten« (STOLL, Zeitschriftenpresse, 52f.).

6   STOLL, Zeitschriftenpresse, 49f.

7   Vgl. dazu in einem Artikel »Zur Gemeindeblattfrage«, der 1914 in der Zeitschrift »Die innere Mission im evangelischen Deutschland« veröffentlicht wurde: »Ein Sonntagsblatt wendet sich immer an einen weiten Leserkreis; es sucht seine Leser in einer ganzen Provinz oder in bestimmten sozialen Schichten der Bevölkerung oder in der deutschen Christenheit überhaupt. Ein Synodalblatt wendet sich an den engeren Leserkreis einer Synode. Ein Gemeindeblatt aber hat ausschließlich die Gemeindeglieder der Einzelgemeinde im Auge. Von daher bekommt es seine Bestimmtheit, den Kreis seiner Aufgaben. Ein Gemeindeblatt hat demnach als erstes Prinzip das Prinzip der Gemeindegemäßheit« (zitiert nach GOTTFRIED MEHNERT, Evangelische Presse. Geschichte und Erscheinungsbild von der Reformation bis zur Gegenwart, Bielefeld 1983, 214).

blatt nicht gibt – abgrenzen lassen und so eher dem ebenfalls auf eine bzw. mehrere konkrete Gemeinden abzielenden Begriff der Parochialpublizistik entsprechen. In Anlehnung an STOLLS Bestimmung von Gemeindeblättern (s.o.) ergibt sich damit folgende Arbeitsdefinition einer spezifisch evangelischen Parochialpublizistik: Unter einer solchen sollen im Folgenden diejenigen in regelmäßigen Abständen erschienenen Zeitschriften verstanden werden, welche in Unterscheidung zu den zentral herausgegebenen, überregional erschienenen evangelischen Zeitschriften (s. zwei Beispiele unten) zumeist von Pfarrern einer konkreten evangelischen Parochie oder Parochiegemeinschaft für ihre jeweiligen Gemeindemitglieder herausgegeben wurden. Sie dienten damit, wie WILHELM SCHUBRING zeitgenössisch im Jahr 1913 im Lexikonartikel »Presse III. Evangelische kirchliche Presse«[8] ausführt, maßgeblich als »Blätter zur Belebung einer [oder auch mehrerer] bestimmte[r] Einzelgemeinde[n]«[9], in denen entsprechend

---

8   In: RGG¹ IV (1913), 1776-1784.

9   SCHUBRING, Presse, 1783 und vgl. weiterführend auch MEHNERT, Presse, 213-215, insbesondere 214. Die ersten Periodika der aus den seit der ersten Hälfte des 18. Jahrhunderts existierenden Sonntagsblättern (s. Fußnote 5) herauswachsenden evangelischen Parochialpublizistik lassen sich dabei in der Mitte des 19. Jahrhunderts identifizieren. GERHARD E. STOLL führt in diesem Kontext aus: »Innerhalb eines Dekanats oder einer Synode können einzelne Gemeinden Zeitschriften vom Typ des Sonntagsblattes herausbringen. Dieses sind Gemeindeblätter im engeren Sinne [...]. Ihre Lebensfähigkeit und ihre Lebensrechte ergeben sich vor allem aus der besonderen Stellung einer Gemeinde zwischen anderen Gemeinden, derzufolge eine Gemeinde Ausdrucksmöglichkeiten in eigengeprägter geistlicher Ansprache und durch eigene Informationsmöglichkeit sucht. Gelegentlich mögen literarische Ambitionen eines Gemeindepfarrers für die Gründung und Erhaltung eines solchen Gemeindeblattes ausschlaggebend sein. Sein Bestand gründet sich in vielen Fällen auf bekenntnismäßige Besonderheiten. So gibt es das ›Evangelisch-lutherische Gemeindeblatt für Elberfeld‹

»Verkündigung, Erbauung, Unterweisung, Unterrichtung [und] öffentliche Seelsorge«[10] der jeweilig anzusprechenden Gemeinde(n) im Vordergrund standen.

Nicht zur evangelischen Parochialpublizistik gehört damit beispielsweise das 1868 erstmals veröffentlichte, sich an die gesamte Hannoversche Landeskirche richtende, vom LANDESVEREIN FÜR INNERE MISSION herausgegebene, im Jahr 1929 in einer Auflage von 66.600 erscheinende »Hannoversche Sonntagsblatt. Volksblatt für Innere Mission«[11] oder aber die 1924 erstmals publizierte, sich an die Gesamtheit der »Thüringer Evangelischen Kirche« richtende, vom VOLKSDIENST DER THÜRINGER EVANGELISCHEN KIRCHE herausgegebene und im Jahr 1929 in einer Auflage von 40.000 Stück erscheinende Zeitschrift »Glaube und Heimat. Thüringer Monats-

---

(seit 1847), herausgegeben von der ›Ev.-luth. Gemeinde Elberfeld‹, die in einer reformiert und uniert orientierten kirchlichen Umgebung lebt und zur Stützung ihres lutherischen Bekenntnisses durch die Geschäftstelle ein eigenes Gemeindeblatt gestalten und vertreiben läßt. Auch historische Gegebenheiten erklären Gründung und Bestand [...] vieler kirchlicher Gemeindezeitschriften. Beispielsweise entsteht das ›Sonntagsblatt für Bonn und Umgebung‹, ein synodales Gemeindeblatt, bereits 1857, also bevor ein entsprechendes Kirchengebietsblatt existiert. Schließlich ist die unverhältnismäßig groß erscheinende Zahl solcher Synodal- und Gemeindeblätter (das Handbuch von Kauffmann-Hinderer verzeichnet für 1929 insgesamt 686 Titel dieser besonderen Art) auf die Protestantismus stark ausgebildete presbyteriale Selbstbestimmung und sicher auch auf einen gewissen lokalen Gruppenegoismus zurückzuführen« (STOLL, Zeitschriftenpresse, 51f.).

10 STOLL, Zeitschriftenpresse, 49.

11 Vgl. genauer BEATE ALBRECHT, Evangelische Publizistik und NS-Diktatur 1933 bis 1941. Am Beispiel des Hannoverschen Sonntagsblattes, des Stuttgarter Evangelischen Sonntagsblattes und der Jungen Kirche, Hannover 2002 [elektronische Ressource], 8 sowie VEREINIGUNG, Handbuch, 140 und 209.

blatt für das evangelische Haus«[12]. Anzumerken bleibt dabei allerdings, dass zum Beispiel Gemeindeblätter wie das 1925 erstmalig erscheinende Eisenacher Gemeindeblatt »Aus Luthers lieber Stadt« u.a. aus vertriebsorganisatorischen Gründen den überregionalen Ausgaben von »Glaube und Heimat« beigelegt wurden,[13] so dass diese Zeitschrift dadurch mittelbar ebenfalls parochialpublizistischen Charakter erlangte.[14]

---

12 Vgl. Vereinigung, Handbuch, 66 und 229.

13 Vgl. dazu den bezeichnenden Untertitel »Beilage zu Glaube und Heimat«, so beispielsweise in der ersten Ausgabe von 1925. Ab dem Jahr 1931 erschien »Aus Luthers lieber Stadt« dann allerdings als eigenständiges Gemeindeblatt (vgl. dazu den Wegfall des Untertitels in der ersten Ausgabe des Jahres 1931).

14 Dieses Vorgehen rückt die Eisenacher Ausgaben von »Glaube und Heimat« in die Nähe der sog. »Anschlussblätter«, die von Gottfried Mehnert mit Blick auf die ersten Jahrzehnte des 20. Jahrhunderts wie folgt bestimmt werden: »Zum Teil waren regionale Sonntagsblätter in der Absicht, ihre Auflagen zu steigern und ihre Verbreitung in den Kirchengemeinden zu vergrößern, dazu übergegangen, parochiale Sonderausgaben herauszugeben, in denen einzelnen Gemeinden ein besonderer Raum für parochiale Bedürfnisse eingeräumt wurde. Häufig erhielten solche Sonderausgaben einen lokalen Titel oder Titelzusatz. [...] Für diesen Typ der Sonderausgaben von Sonntagsblättern und Regionalblättern wurde auch die Bezeichnung ›Anschlussblätter‹ verwendet. Pfarrer Carmesin charakterisierte ihre Eigentümlichkeit in einem Aufsatz über ›Sonntagsblatt und Gemeindeblatt‹: ›Diese Blätter sind ja Sonntagsblätter, nur in modifizierter Form: sie bringen den Stoff der Sonntagsblätter und nur auf der letzten oder den letzten Spalten werden lokale Nachrichten ihnen zugefügt. Sie stammen aus den Sonntagsblattdruckereien und finden ihre Leser da, wo die Sonntagsblätter alter Form sie auch fanden [...].‹ [...] Indem die Sonntagsblätter diesen Weg beschritten, kamen sie dem verbreitetem Bedürfnis nach parochialen Blättern entgegen und suchten zugleich der Gefahr zu begegnen, durch selbstständige parochiale Blätter ihre Leser zu verlieren. Denn die lokalen Blätter, zu denen auch die für größere Städte herausgegebenen Blätter zu zählen sind, erfreuten sich besonders seit der Jahrhundertwende steigender Beliebtheit« (Mehnert, Presse, 213).

3. THÜRINGER EVANGELISCHE PAROCHIALPUBLIZISTIK IN DER ZEIT DES DEUTSCHEN KAISERREICHES, DER WEIMARER REPUBLIK UND DES NATIONALSOZIALISMUS

Wie stellt sich nun vor dem Hintergrund dieser Bestimmungen die Situation der Thüringer evangelischen Parochialpublizistik in der Zeit des Deutschen Kaiserreiches, der Weimarer Republik und des Nationalsozialismus dar? Wird für einen ersten Überblick auf den im »Landeskirchenarchiv Eisenach« der »Evangelischen Kirche in Mitteldeutschland« zugänglichen Bestand an (für eine konkrete Parochie oder Parochiegemeinschaft herausgegebenen) evangelischen Gemeindeblättern Bezug genommen, ergibt sich ein vielgestaltiges Bild. So sind allein in diesem Archiv insgesamt 268 oftmals unter dem Namen »Heimatglocken« erschienene Gemeindeblätter nachweisbar,[15] die von 1905 an über knapp 40 Jahre hinweg bis

---

15 Zu nennen sind hier u.a., um zumindest drei Beispiele anzuführen, die »Heimatglocken für den Kirchenkreis Schleiz«, die »Heimatglocken für Öpfershausen und Kaltenlengsfeld« oder die »Heimatglocken. Evangelisches Gemeindeblatt für Utenbach und Kösnitz«. Andere Titel lauten beispielsweise »Nachrichten aus der evangelischen Kirchengemeinde Oberlind«, »Heimatgrüße. Evangelisches Gemeindeblatt für den Kirchenkreis Altenburg-Land« oder »Evangelisches Gemeindeblatt für Weimar«. Die entsprechenden Blätter liegen in einem umfangreichen Bestand (»Heimatglocken-Bestand«), welcher über eine vom »Landeskirchenarchiv Eisenach« der »Evangelischen Kirche in Mitteldeutschland« erstellte Bestandsliste mit dem Titel »Gemeindeblätter im Landeskirchenarchiv Eisenach« (Stand: 05.01.2012) zugänglich ist. In dieser Liste/diesem Bestand ebenfalls enthalten sind dabei allerdings auch einige wenige Zeitschriften, die eindeutig nicht der Thüringer evangelischen Parochialpublizistik zuzuordnen sind und daher bei der Gesamtzahl von 268 wie auch bei der folgenden statistischen Auswertung nicht mit berücksichtigt wurden, so beispielsweise die »Thüringer Kriegsblätter«, die »Weidaer Geschichtsblätter« oder das »Monatsblatt der Sozialen Arbeitsgemeinschaft

1941 in ganz Thüringen regelmäßig erschienen.[16] Besonders

evangelischer Männer und Frauen Thüringens«. Auch darüber hinaus muss die Zuordnung einzelner im »Heimatglocken-Bestand« archivierter Zeitschriften zur Thüringer evangelischen Parochialpublizistik ohne eine genauere Analyse der einzelnen Zeitschriften grundsätzlich fraglich bleiben, so dass sowohl die Gesamtzahl von 268 als auch die folgenden statistischen Auswertungen nur Annäherungswerte bieten und entsprechend unter Vorbehalt zu betrachten sind.

16 Im Hintergrund ist hier der ehemals kleinstaatliche Charakter Thüringens zu beachten, welches sich – während beispielsweise Erfurt sowie Teile Nordthüringens zu Preußen gehörten und kleine Teile Ostthüringens aus sächsischen Enklaven bestanden – bis 1919 aus acht souveränen Kleinstaaten zusammen setzte: dem Großherzogtum »Sachsen-Weimar-Eisenach« (bzw. ab 1903 Großherzogtum »Sachsen«) mit der Residenzstadt Weimar, dem Herzogtum »Sachsen-Altenburg« mit der Residenzstadt Altenburg, dem Herzogtum »Sachsen-Coburg und Gotha« mit der Residenzstadt Gotha, dem Herzogtum »Sachsen-Meiningen« mit der Residenzstadt Meiningen, dem Fürstentum »Reuß ältere Linie« mit der Residenzstadt Greiz, dem Fürstentum »Reuß jüngere Linie« mit der Residenzstadt Gera, dem Fürstentum »Schwarzburg-Rudolstadt« mit der Residenzstadt Rudolstadt und dem Fürstentum »Schwarzburg-Sondershausen« mit der Residenzstadt Sondershausen. 1919 vereinigten sich dann die beiden reußischen Fürstentümer zum »Volksstaat Reuß« mit der Residenzstadt Gera, welcher dann aber wiederum bereits 1920 in dem aus allen genannten Staaten – außer dem um Coburg liegenden Teil des Herzogtums »Sachsen-Coburg und Gotha«, der sich dem Land Bayern anschloss – gegründeten Land Thüringen mit der Hauptstadt Weimar aufging. Ähnliches lässt sich dabei bezüglich der kirchlichen Strukturen ausführen: So entstand die »Thüringer Evangelische Kirche« erst im Jahr 1920 (Errichtungsbeschluss: 15.11.1918, 1. Synode: 05.12.1919, vgl. genauer zum komplexen Gründungsprozess Christine Koch-Hallas, Die Evangelisch-Lutherische Kirche in Thüringen in der SBZ und Frühzeit der DDR (1945-1961). Eine Untersuchung über Kontinuitäten und Diskontinuitäten einer landeskirchlichen Identität, Leipzig 2009, 22-30) durch Zusammenschluss der Landeskirchen der genannten Kleinstaaten (allerdings erneut ohne den Coburger Teil des Herzogtums »Sachsen-Coburg und Gotha« sowie ohne die Landeskirche des Fürstentums »Reuß

viele dieser Blätter wurden dabei – den Bestandsdaten des »Landeskirchenarchivs Eisenach« folgend, wobei allerdings deutlich zu betonen ist, dass die ältesten in Eisenach archivierten Ausgaben keinesfalls zwingend den Erstausgaben der jeweiligen Gemeindeblätter entsprechen müssen – in den Jahren zwischen 1909 und 1936 neu gegründet (im Durchschnitt 9,00 erstmalig archivierte Blätter pro Jahr), wobei sich nochmals Wellen u.a. zwischen 1918 und 1921 (im Durchschnitt 18,75 erstmalig archivierte Blätter pro Jahr) erkennen lassen.

ältere Linie«, die erst 1934 zur neu gegründeten Landeskirche hinzu kam). Im »Landeskirchenarchiv Eisenach« der »Evangelischen Kirche in Mitteldeutschland«, dessen Vorläufer als Archiv der »Thüringer Evangelischen Kirche« am 01.11.1922 im Rahmen einer Zusammenlegung verschiedener regionaler Kirchenarchive gegründet wurde (vgl. www.landeskirchenarchiv-eisenach.de, 04.09.2012), sind nun mit Blick auf die Zeit bis 1920 bzw. 1934 Gemeindeblätter aus allen ehemaligen Thüringer Landeskirchen erhalten, wobei allerdings Gemeindeblätter aus dem Großherzogtum »Sachsen« wahrnehmbar überwiegen. Dies deckt sich auch beispielsweise mit den Ausführungen von Paul Niese, der in seinem Artikel »Übersicht über die Thüringer Heimatglocken« (in: Mitteilungen für die Thüringer Heimatglöckner, 3/1918, 3) die im Jahr 1918 aktuelle Auflagenhöhe darlegt: 9.500 beispielsweise für das Herzogtum »Sachsen-Altenburg« oder 10.480 für die beiden Schwarzburgischen Fürstentümer – und im Gegenzug 81.000 für das Großherzogtum »Sachsen« (vgl. Niese, Übersicht, 3).

Diagramm 1:
Im »Landeskirchenarchiv Eisenach« der »Evangelischen Kirche in Mitteldeutschland« vorhandene jeweilig erstmalig archivierte Jahrgänge Thüringer evangelischer Gemeindeblätter[17]

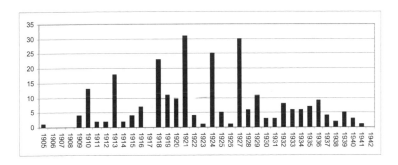

Besonders viele Gemeindeblätter eingegangen sind dann – wird wiederum den Bestandsdaten des »Landeskirchenarchivs Eisenach« der »Evangelischen Kirche in Mitteldeutschland« gefolgt, wobei erneut zu betonen ist, dass nun die jüngsten der in Eisenach archivierten Ausgaben keinesfalls zwingend den letzten Ausgaben der jeweiligen Gemeindeblätter entsprechen müssen – zwischen 1918 und 1924 (im Durchschnitt 7,86 letztmalig archivierte Blätter pro Jahr) sowie insbesondere zwischen 1928 und 1941 (im Durchschnitt 14,29 letztmalig archivierte Blätter

17   Die dem Diagramm zugrunde liegenden Daten wurden tabellarisch im Rahmen einer umfassenden Bestandsliste mit dem Titel »Gemeindeblätter im Landeskirchenarchiv Eisenach« (Stand: 05.01.2012, s. auch Fußnote 15) vom »Landeskirchenarchiv Eisenach« der »Evangelischen Kirche in Mitteldeutschland« zur Verfügung gestellt und in die vorliegende Form des Diagramms transformiert. Dies tritt auch hinsichtlich der beiden folgenden Diagramme zu.

pro Jahr), so dass dann schließlich im Jahr 1942 die Thüringer evangelische Parochialpublizistik vorerst als erloschen angesehen werden muss (s. dazu genauer Kapitel 5).

Diagramm 2:
Im »Landeskirchenarchiv Eisenach« der »Evangelischen Kirche in Mitteldeutschland« vorhandene jeweilig letztmalig archivierte Jahrgänge Thüringer evangelischer Gemeindeblätter

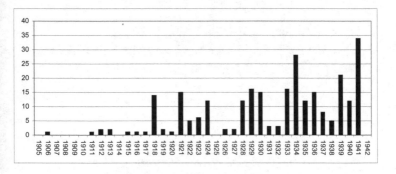

Mit Blick auf die absoluten Zahlen ergibt sich so schließlich das Bild einer leicht rechtssteilen Verteilungskurve, die bei einer multimodalen Verteilung ihren ausgeprägtesten Modus im Jahr 1928 erreicht: Für dieses Jahr können anhand des Bestands des »Landeskirchenarchivs Eisenach« immerhin 132 Gemeindeblätter nachgewiesen werden. Mindestens 100 sind es dabei für die Jahre zwischen 1926 und 1934, so dass zu vermuten steht, dass die Thüringer evangelische Parochialpublizistik ihre »Hochphase« in der mittleren/späten Zeit der Weimarer Republik erlebte.

Diagramm 3:
Im »Landeskirchenarchiv Eisenach« der »Evangelischen Kirche
in Mitteldeutschland« vorhandene Jahrgänge (absolute Zahlen)
Thüringer evangelischer Gemeindeblätter

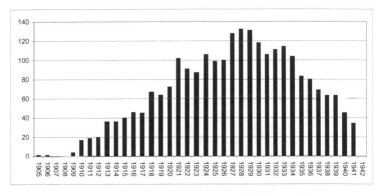

Die im »Landeskirchenarchiv Eisenach« erhaltenen Jahrgänge
Thüringer evangelischer Gemeindeblätter machen deutlich,
dass diese Presseerzeugnisse in höchst unterschiedlichen historischen Kontexten entstanden bzw. veröffentlicht wurden:
im Deutschen Kaiserreich von 1905 bis 1914, während des
Ersten Weltkrieges, in der Zeit der Weimarer Republik sowie
bis weit in die Zeit des Nationalsozialismus hinein.[18] Welche

---

18 Nicht im »Landeskirchenarchiv Eisenach« der »Evangelischen Kirche in
Mitteldeutschland« erhalten (bzw. nicht von der ersten Ausgabe an) ist
dabei das vermutlich älteste Thüringer evangelische Gemeindeblatt, welches 1897 oder 1898 für Gotha gegründet wurde. Vgl. dazu Hans Köllein – Pfarrer in Warza bei Gotha – in seinem Artikel »Friedensaufgaben
der Heimatglocken« (in: Mitteilungen für die Thüringer Heimatglöckner, 2/1918, 2f.): »Viele Ausgaben sind erst im Kriege entstanden, so die
meisten Heimatglocken, welche im Herzogtum Gotha erstmalig 1915 auf
Anregung des Pfarrvereins erschienen sind mit Ausnahme des Evangelischen Gemeindeblattes der Stadt Gotha, welches 1897 von Oberpfarrer
Oskar Müller begründet wohl als das älteste Gemeindeblatt in Thü

Zielstellungen bestimmten dabei die publizistische Arbeit? Insgesamt ist hier davon auszugehen, dass als grundlegendes Motiv die Stärkung einer in den Quellen oft miteinander eng verwobenen kirchlichen und heimatlichen Verbundenheit im Mittelpunkt der jeweiligen Bestrebungen stand. Ausführlich kommt diese Zielstellung beispielsweise in der Erstausgabe der »Heimatglocken. Evangelisches Gemeindeblatt für Utenbach und Kösnitz« aus dem Jahr 1913 zum Ausdruck, in der im anonym verfassten Vorwort »Was wir wollen!«[19] folgendes Programm der neu aufgelegten »Heimatglocke« vorgestellt wird:

---

ringen anzusprechen ist [...]« (KÖLLEIN: Friedensaufgaben, 2). Vgl. zur Gründung auch MÜLLER selbst in seinem Aufsatz »Zum Evangelischen Gemeindeblatt für die Stadt Gotha gegründet 1898« (in: Mitteilungen für die Thüringer Heimatglöckner, 2/1917, 1): »Es war im Beginn des Jahres 1898, als ich einen Gedanken zur Ausführung bringen konnte, der mich seit längerer Zeit beschäftigt hatte. Ein für die Ortsgemeinde bestimmtes Blatt schien mir zur Hebung und Pflege des Gemeindelebens ein wesentliches Bedürfnis. Ich trat mit dem Gedanken an meine Amtsbrüder in der Stadt Gotha heran. Ich fand wenig Zutrauen zur Ausführbarkeit, aber ich habe mich dadurch nicht abschrecken lassen. Um den Plan nicht fallen zu lassen, übernahm ich Arbeit und Verantwortung, in gutem Vertrauen auch das Risiko der finanziellen Ausrüstung. Das Werk hat mein Vertrauen nicht getäuscht. Die leitenden Gesichtspunkte waren für mich: Das Blatt muß sein Ziel und seine Aufgaben in der Lokalgemeinde haben, aus ihrem Leben hervorgehen, ihrem Leben dienen. Es soll keinem der allgemeinen kirchlichen Erbauungs- oder Gemeindeblätter in den Weg treten, keinem der in der Gemeinde eingeführten die Leserzahl stören. Neben ihnen soll es seinen Raum dem öffnen, was die eigene Gemeinde in ihrem besonderen Leben angeht, was darum in jenen allgemeinen Blättern nur wenig oder gar nicht Berücksichtigung finden kann« (MÜLLER, Gemeindeblatt, 1).

19 In: Heimatglocken. Evangelisches Gemeindeblatt für Utenbach und Kösnitz, 1/1913, 1f.

»Heimatglocken! Zu wem klänge ihr trauter Klang nicht nach, auch wenn er schon lange der Heimat fern wäre? Sie riefen zum Gotteshaus am Sonntag Morgen, wie in stiller Abendstunde. Sie grüßten das Kind bei der Taufe, das Brautpaar bei des Lebens schönster Feier; sie geleiteten unsere Toten auf dem letzten Wege. Immer weckte ihr Tönen einen tiefen Widerhall in unserer Seele. Durch sie reden Ewigkeitsstimmen zu uns taubgewordenen Menschen. ›Heimatglocken‹ heißen auch diese Blätter. Sie wollen zu uns reden von unserer lieben Heimat, besonders dem Ort, in dem wir wohnen, der uns Schutz und Obdach gewährt, dessen Scholle uns nährt: sei es, daß unser Vaterhaus in ihm stand, sei es, daß Gott unsere Wege an ihn gelenkt hat. Sie wollen uns erzählen von der Heimat Leben in alter und neuer Zeit: von vergangener Tage Arbeit und Drangsal und von der Gegenwart heiligen Aufgaben und Pflichten. Sie möchten hineinklingen in alle Häuser und Familien, in den Arbeitssaal, wie in die Kinderstube. Weihevoll mahnend und tröstend möchte ihr Klang sich mischen in helle Tagesfreude und möchte teilnehmen am sorgenvollen Düster des Kranken[-] und Sterbezimmers. Der irdischen Heimat wollen sie dienen und doch immer auch auf die ewige hinweisen. Diese Heimatglocken möchten auch gern ein Heimatgruß werden für unsere Gemeinde[-] und Familienglieder, die Gott in die Ferne geführt hat, für Verwandte und Bekannte, für unsere Söhne beim Militär und in auswärtigem Berufe, für unsere fernen Töchter im Dienst oder eigenen Hausstand. Diese Heimatglocken sollen sie an die [d]aheim erinnern, sollen sie mit ihrer Stimme stärken und festhalten, daß sie der alten Heimat nicht vergessen. Uns alle, daheim und draußen, wollen diese Heimatglocken daran mahnen, daß wir, ganz gleich in welchem Beruf und Stande wir stehen, doch eins

sollen, umschlossen von dem Bande gemeinsamen evangeli-
schen Glaubens und gemeinsamer Liebenspflicht.«[20]

---

20 ANONYM, Was wir wollen!, 1f. Auch beispielsweise bei den knapp zwan-
zig Jahre später im Jahr 1931 neu erschienenen »Nachrichten aus der
evangelischen Kirchengemeinde Oberlind« lässt sich diese Zielstellung
der Stärkung einer miteinander eng verwobenen kirchlichen und heimatlichen Verbundenheit unmittelbar erkennen. So werden im Vorwort
»Lieber Leser!« (in: Nachrichten aus der evangelischen Kirchengemeinde
Oberlind, 1/1931, 1f.) folgende Ausführungen an die Adressaten des neuen
Gemeindeblattes gerichtet: »Mit diesen ›Nachrichten [...]‹ grüßt dich zum
neuen Jahr ein neuer Freund, oder richtiger gesagt, ein alter Freund im
neuen Kleide. Der alte Freund – das ist deine Kirchengemeinde, zu der du
seit längerer oder kürzerer Zeit gehörst, zu der auch deine Vorfahren z.T.
schon seit Jahrhunderten gehört haben: das neue Kleid – ist dieses Blatt.
Du erfährst täglich so manches aus deiner Ortschaft, in der du wohnst,
oder aus anderen Orten, nah und fern, groß und klein: das ist gut, das
weitet den Horizont, aber du erfährst oft nicht viel aus dem Leben deiner
Kirchengemeinde, zumal wenn du nicht zu denen gehörst, die den Gottesdienst oft besuchen. Und doch ist sie ein Stück deiner täglichen Umgebung, deiner Heimat, und ehe du deine Blicke und Gedanken in die Ferne
schickst, musst du doch in deiner nächsten Nähe Bescheid wissen, und
wenn dir manchmal der Bereich deiner Ortschaft zu eng ist, dann denke
daran, daß du zu einer größeren Gemeinschaft gehörst, die mehrere Ort-
schaften umschließt und zu der noch andere Menschen gehören, die dir
in mancher Hinsicht nahestehen als Verwandte oder Berufsgenossen und
überdies mit dir einig sind im evangelischen Glauben. Darum will mit
diesen Nachrichten deine Kirchengemeinde an deine Tür klopfen und dir
erzählen, weißt du: ja nicht klatschen – erzählen aus ihren vergangenen
Zeiten, damit du die Gegenwart, die ja aus der Vergangenheit herausge-
wachsen ist, besser verstehst, und aus unseren Tagen berichten, damit du
auch teilnimmst an Freud und Leid, die deine Glaubensbrüder bewegen,
und dadurch will sie das Gemeindebewusstsein stärken, damit das Wort
des Apostels Paulus immer mehr Wirklichkeit werde: ›Leidet ein Glied, so
leiden alle Glieder mit; und so ein Glied wird herrlich gehalten, so freuen
sich alle Glieder mit« (ANONYM, Leser, 1f.).

Es überrascht daher nicht, dass auch immer wieder explizit um die Mitteilung von Adressen von weggezogenen Gemeindemitgliedern gebeten wird, so beispielsweise Pfarrer Wilhelm Kühne im Jahr 1922 in der Erstausgabe der »Heimatglocken. Evangelisches Gemeindeblatt für Gillersdorf, Friedersdorf und Willmersdorf« in seinem Vorwort »Den Heimatglocken zum Geleit«[21]:

> »Das Gemeindeblatt will aber auch ein Bindeglied werden zwischen den Auswärtigen und der Heimatgemeinde, will all denen aus unseren Gemeinden Gebürtigen Grüße bringen, daß sie ihre alte Heimat lieb behalten, will bei allen Verzogenen das Interesse wieder wachrufen für den Heimatboden und die Heimatkirche hoch oben im Thüringerwalde. Darum bitt ich euch herzlich, Adressen von Angehörigen, Verwandten, Bekannten in der Ferne, die in irgendwelchen Beziehungen zu unseren drei Gemeinden stehen, dem Pfarramt mitzuteilen. Sie sollen regelmäßig monatlich die Heimatglocken zugesandt erhalten, um ihnen eine Freude damit zu machen.«[22]

Die Feststellung, die der Thüringer Kirchenhistoriker Rudolf Herrmann in Band II seiner »Thüringischen Kirchengeschichte« (Weimar 1947) im Blick auf die Thüringer evangelischen Gemeindeblätter trifft, erscheint so unmittelbar einleuchtend: »Sie pflegten das Gemeinschaftsgefühl mit der Ortskirche als Mittelpunkt und auf dem Hintergrund der

---

21 In: Heimatglocken. Evangelisches Gemeindeblatt für Gillersdorf, Friedersdorf und Willmersdorf, 1/1922, 1f.

22 Kühne, Heimatglocken, 1. Vgl. ähnlich auch Pfarrer der evangelischen Gemeinde Eisenach, Ein Eisenacher Kirchenblatt, in: Aus Luthers lieber Stadt. Beilage zu »Glaube und Heimat«, 1/1925, 1, 1.

engeren Heimat.«[23] Zu deuten dürfte diese ausgeprägte Hei-
matorientierung dabei einerseits vor dem Hintergrund des
im letzten Drittel des 19. und zu Beginn des 20. Jahrhunderts
ausgesprochen wirkmächtigen (und ausgesprochen vielschichtigen) Kulturprotestantismus sein, der – geprägt durch
Personen wie ALBRECHT RITSCHL, MARTIN RADE, RICHARD
ROTHE, ERNST TROELTSCH oder ADOLF VON HARNACK –
in seinem Glauben an die umfassende Einheit von Technik,
Kunst, Wissenschaft, Kultur, Nation oder Heimat sowie Protestantismus letztlich die Vision einer »christlich-nationalen
Einheitskultur«[24] anstrebte und vor diesem Hintergrund im
katholischen Ultramontanismus, im »freigeistigen« Sozia-
lismus oder im Judentum eine potentielle Bedrohung dieses harmonisierenden Konstrukts sah.[25] Hinzu treten zum

---

23 RUDOLF HERRMANN, Thüringische Kirchengeschichte II, Weimar 1947, 557.
24 FRIEDRICH WILHELM GRAF, Art. Kulturprotestantismus, in: TRE XX
    (2000), 230–243, 232.
25 Vgl. zum Kulturprotestantismus grundlegend den in Fußnote 24 ange-
    führten Lexikonartikel sowie den von FRIEDRICH WILHELM GRAF und
    HANS MARTIN MÜLLER herausgegebenen Aufsatzband »Der deutsche
    Protestantismus um 1900« (Gütersloh 2001). Dabei ist stets auch der flie-
    ßende Übergang zum – durch Personen wie u.a. BERNHARD ROGGE,
    HEINRICH VON TREISCHKE und ADOLF STOECKER (aber auch bereits
    JOHANN GOTTFRIED HERDER, JOHANN GOTTLIEB FICHTE und
    ERNST MORITZ ARNDT) geprägten – Nationalprotestantismus im Blick
    zu behalten, den beispielsweise ROLAND KURZ in seiner historischen
    Studie »Nationalprotestantisches Denken in der Weimarer Republik. Vo-
    raussetzungen und Ausprägungen des Protestantismus nach dem Ersten
    Weltkrieg in seiner Begegnung mit Volk und Nation« (Gütersloh 2007) wie
    folgt bestimmt: Dieser ist die »Interaktion des Protestantismus mit der [im
    19. Jahrhundert] aufstrebenden religiös fundierten nationalen Gesinnung.
    Diese Interaktion zielt darauf ab, den eher individualistischen Protestan-
    tismus zu einer National- bzw. Volksreligion zu machen. Dabei verbinden
    die Ausprägungen des Nationalprotestantismus typisch protestantische

anderen die maßgeblich durch die Industrialisierung im 19. Jahrhundert ausgelösten weitreichenden Säkularisierungs-, Pluralisierungs- und Urbanisierungsprozesse,[26] in deren Folge der zuvor eher deskriptive, auf Geburts- oder Wohnort

---

Inhalte (Rechtfertigungslehre, die Stellung des Einzelnen vor Gott, Gegensatz von Gesetz und Evangelium, die Verwirklichung des ›Sonntags im Alltag‹, ...) mit Formen nationaler Gesinnung, um zu einer Synthese zu kommen« (Kurz, Denken, 18). Insofern die Thüringer evangelischen Gemeindeblätter dabei neben der vorrangigen Verquickung von eher »ländliche[r] Heimat« (Eduard Leiske, Die Heimatglocken und die Briefe des Apostels Paulus, eine Parallele [Teil II], in: Mitteilungen für die Thüringer Heimatglöckner, 3/1917, 1-4, 2) und Protestantismus oft auch eine ähnliche Annäherung von Nation und Protestantismus zum Ausdruck bringen (vgl. beispielsweise die Jahrgänge 1917f. der »Heimatklänge aus dem Weimarischen Kreise« mit zahlreichen Ausführungen bezüglich einer schützenswerten deutschen Nation bzw. eines schützenswerten deutschen Vaterlandes) bzw. insofern diese in den »Mitteilungen für die Thüringer Heimatglöckner« gefordert wird (vgl. beispielsweise Leiske, Heimatglocken II, 3: »[d]esto mehr haben wir heute Grund und Veranlassung, mit unsern Lesern über den Krieg zu sprechen, und treten für Tapferkeit und vaterländische Gesinnung ein, die auch Christentum sind« oder Paul Carmesin nach Paul Niese, Gemeindeblatt und Politik, in: Mitteilungen für die Thüringer Heimatglöckner, 1/1918, 3, 3: »[n]ationalen Sinn zu fördern, ist Pflicht dessen, der das Wirken Gottes an der Gestaltung unserer Nation vor Augen hat«), weisen die Thüringer evangelischen Gemeindeblätter so auch explizit nationalprotestantisches Denken auf – wobei sie »ihre« Heimat dann eher im Sinne einer geschichtstheologisch überhöhten »Nation«, an welcher der »deutsch[e] Gott« (Kurz, Denken, 17) wirkt, verklären.

26 Vgl. für einen detaillierten, dabei zugleich konsequent auf Thüringen fokussierten Einblick in die zwischen 1871 und 1914 stattfindende Entwicklung u.a. von Industrie, Handel, Verkehr, Land- und Forstwirtschaft, Bevölkerung, Wissenschaft, Kunst und Kultur, Kirche, Religion oder weltanschaulichen Strömungen die »Geschichte Thüringens. 1866 bis 1914« (Weimar 1991) des Historikers Ulrich Hess, insbesondere dabei 299–412 und 508–551.

bzw. Wohnort der Eltern abzielende Begriff »Heimat«[27] sich in seiner Bedeutung zu einem normativ aufgeladenen Schlagwort wandelte, mit dem eine restaurative, sentimental-nostalgische Gegenwelt zu den gesellschaftlichen Umwälzungen und den mit ihnen einhergehenden u.a. sozialen Konflikten evoziert werden sollte: Heimat wurde nun zum »verklärte[n] Gestern, [zur] heile[n] Welt und [zum] Relikt ständestaatlicher Ordnung im Zeitalter der Verstädterung, Industrialisierung, Vermassung.«[28] Von daher überrascht es auch nicht, dass am

---

27 Vgl. WALTER JENS, Nachdenken über Heimat. Fremde und Zuhause im Spiegel deutscher Poesie, in: HORST BIENEK (Hrsg.), Heimat. Neue Entdeckungen eines alten Themas, München/Wien 1985, 14-26, 14.

28 A.a.O., 15. Vgl. dazu mit spezifischem Blick auf die Thüringer evangelischen Gemeindeblätter beispielsweise auch die Ausführungen bezüglich verwerflicher »Landflucht« und schützenswerter insbesondere »ländliche[r] Heimat« (LEISKE, Heimatglocken II, 2), die EDUARD LEISKE in Teil II seines Artikels »Die Heimatglocken und die Briefe des Apostels Paulus, eine Parallele« (in: Mitteilungen für die Thüringer Heimatglöckner, 3/1917, 1-4) trifft: »Wer, wie Paulus, das ängstliche Harren der seufzenden Kreatur und der Schöpfung nach ihrer Erlösung heraushört, hat wenig Zeit und Neigung für die irdische Heimat, ihre Geschichte, Eigentümlichkeiten, Sitten und Gebräuche. Aber gerade von diesen wollen wir in den Heimatglocken unsern Gemeinden erzählen, von fernen und fernsten, sogar – wo es angeht – prähistorischen Zeiten, von der Geschichte und den Geschichten unsrer Dörfer, ihren Bau- und Kunstdenkmälern, von den Schönheiten insbesondere der ländlichen Heimat, und wie letztere so oft hingeworfen wird von solchen, die in der Landflucht ihr Lebensglück und Arbeitsziel erblicken. Wie erfreut es da unser Herz, wenn wir einen Brief auf unsre Heimatglockensendung mit den Worten erhalten: ›Ihre Heimatklänge mit Dank erhalten. Früher habe ich mich wenig um meine Heimat bekümmert, aber jetzt warte ich immer schon vorher auf ihre lieben Nachrichten.‹ So wollen wir in unserm Gemeindeblatt die deutsche Heimat vertreten, neben der himmlischen auch die irdische, und vor allem die ländliche, um ihrer selbst und um des ganzen Volkes willen. Bei aller Internationalität des Christentums dürfen wir nicht darauf verzichten, zumal in dieser Kriegszeit, die deutsch-vaterlän-

Ende des 19. bzw. in den ersten Jahrzehnten des 20. Jahrhunderts, durchaus auch als Nachwirkung der Spätromantik und als »regionale Rückbesinnung« und Identitätsbewahrung vor dem Hintergrund der Reichsgründung im Jahr 1871, (nicht nur) in den Thüringer Kleinstaaten eine vielfältige heimatliche (oft dabei mundartliche) Literatur aufblühte,[29] sich eine engagierte »Dorfkirchenbewegung« entwickelte (s. genauer Kapitel 4), zahlreiche journalistisch arbeitende Theologen das Thema »Heimat« für sich entdeckten[30] oder sogar ein ei-

dischen Interessen zu vertreten, während Paulus die ländliche Heimat, ihre Schönheiten, ihre Interessen ja fern lagen, und solche Erscheinungen, wie die der Landflucht, für die wir gern unser Spalten öffnen, ihm fremd und unbekannt waren« (LEISKE, Heimatglocken II, 2).

29 Vgl. grundlegend ULRICH HESS (HESS, Geschichte, 516–518), der beispielsweise mit Blick auf die beiden erfolgreichen Thüringer Heimatdichter ADOLF BARTELS und FRIEDRICH LIENHARD ausführt: »So unterschiedlich Bartels und Lienhard in ihren Temperamenten waren und so oft sie auch in literarischen Streit gerieten, das Schaffen beider beruhte doch in gleicher Weise auf der Ablehnung der industriell strukturierten Großstadt und auf dem Streben, die Grundlagen eines neuen Deutschlands aus den gesellschaftlich überwundenen bäuerlich-kleinbürgerlichen Lebensformen zu schöpfen« (HESS, Geschichte, 516f.).

30 Mit Fokus auf Thüringen ist hier neben den zahlreichen Mitgliedern der »Freunde von Gemeindeblättern in Thüringen« (s. Kapitel 4) beispielsweise HEINRICH WINKLER zu erwähnen, der in Leipzig, Halle und Jena u.a. Theologie studierte und ab 1922 mehrere Jahre bei verschiedenen Thüringer Zeitschriften arbeitete (vgl. genauer DAVID KÄBISCH/MICHAEL WERMKE, Einleitung, in: DAVID KÄBISCH/MICHAEL WERMKE (Hrsg.), »Religionspädagogik auf reformatorischer Grundlage«. Die Jenaer Preisschrift des Heinrich Winkler (1930) als Beitrag zu einer Fakultäts- und Disziplingeschichte ›von unten‹, Jena 2010, 9-45, 19-24). DAVID KÄBISCH und MICHAEL WERMKE führen in ihrer »Einleitung« (s.o.) seiner von ihnen herausgegebenen Schrift »Die neuerdings (u.a. von Theodor Heckel) erhobene Forderung einer arteigenen Religionspädagogik auf reformatorischer Grundlage soll dargestellt, geschichtlich erläutert und beurteilt werden« (Jena 1930, herausgegeben Jena 2010) entsprechend aus:

genes Schulfach »Landeskunde von Thüringen« eingerichtet wurde[31] – so dass im Ganzen eine vielfältig motivierte, ausdifferenzierte und ideologisch durchaus anfällige »Heimatbewegung« wahrnehmbar wird, deren Einfluss auf die an der Wende zum 20. Jahrhundert entstandenen Thüringer evangelischen Gemeindeblätter bzw. eben oftmals »Heimatglocken« kaum zu überschätzen ist.

Bei einem genauerem Blick in diese lassen sich dabei auch schnell zahlreiche Ausschärfungen ihrer damit zumindest elementar kontextualisierten grundlegenden Zielstellung – die kirchliche und heimatliche Verbundenheit ihrer Leser zu stärken – erkennen: zum einen, indem entweder die kirchliche oder aber die heimatliche Verbundenheit in den Vordergrund gestellt wird,[32] zum anderen aber auch, indem spezifi-

---

»Winkler arbeitet [ab 1922] als Journalist (Schriftleiter) bei der ›Eisenacher Tagespost‹ und liefert Artikel zu regionalgeschichtlichen Ereignissen und kirchlichen Gedenk- und Feiertagen u.a. im ›Wartburg Land‹, der Beilage der ›Eisenacher Tagespost für Heimatkunde, Kultur und Leben‹. Sein besonderes Interesse gilt der Thüringer Volksfrömmigkeit; später wird er Mitglied im ›Thüringerwald-Verein‹. Ende der 1920er und Anfang der 1930er Jahre erscheint [dann] eine Reihe kleinerer heimatkundlicher Publikationen« (KÄBISCH/WERMKE, Einleitung, 24, kursiv gedruckte Abschnitte wurden in einfache Anführungszeichen gesetzt), so u.a. »Die Geister und Götter des Hörselbergs« (Eisenach 1928) oder »Das Tal des Rosenwunders« (Gerstungen 1931).

31 Vgl. hierzu beispielsweise das im Jahr 1909 in 4. bis 6. Auflage erschienene, von RICHARD FRITSCHE bearbeitete Schulbuch »Landeskunde von Thüringen. Ein Leitfaden für die Hand der Schüler des 3. und 4. Schuljahres im Anschluß an das methodische Handbuch« (Altenburg 1909).

32 Vgl. hierzu beispielsweise den Georgenthaler Pfarrer PAUL BÄTHKE, der in der Erstausgabe der »Heimatgrüße aus Georgenthal im Herzogtum Gotha« in seinem Vorwort »Heimatgrüße« (in: Heimatgrüße aus Georgenthal im Herzogtum Gotha, 1/1911, 1) gänzlich den Fokus auf eine zu

sche historische Kontexte zu einer Präzisierung beitrugen. So ist, um nur zwei ausgewählte Beispiele zu nennen, einerseits deutlich wahrnehmbar, dass die zwischen den Jahren 1914 bis 1918 erschienenen bzw. neu gegründeten Thüringer evangelischen Gemeindeblätter nun auch speziell die als Soldaten sich an den jeweiligen Fronten befindlichen Gemeindemitglieder mit in den Blick nahmen: Zu diesen »Feldgrauen«, wie sie in den Gemeindeblättern häufig genannt werden,[33]

---

stärkende heimatliche Verbundenheit richtet: »Zum ersten Mal sollen [die Heimatgrüße] hineinklingen in die Häuser und Herzen unserer Gemeinde und hinaus zu allen, die einst hier ihre Heimat hatten und nun in der Ferne weilen, aber auch sonst zu all denen, die unser Georgenthal lieb haben. Nicht ein kirchliches Erbauungsblatt, auch kein politisches Streitblatt sollen unsere ›Heimatgrüße‹ sein. Nur von der trauten Heimat, von ihrer Vergangenheit und ihrer Gegenwart wollen sie erzählen und allen hier und draußen die Heimat dadurch lieber und teurer machen. Die Geschichte von Georgenthal ist es wert, daß wir sie kennen. ›Der ist in tiefster Seele treu, der seine Heimat liebt!«« (Bäthke, Heimatgrüße, 1). Den Fokus auf eine zu stärkende kirchliche Verbundenheit legen hingegen beispielsweise die Pfarrer der evangelischen Gemeinde Eisenach in der Erstausgabe des Gemeindeblattes »Aus Luthers lieber Stadt. Beilage zu Glaube und Heimat« in ihrem Vorwort »Ein Eisenacher Kirchenblatt« (in: Aus Luthers lieber Stadt. Beilage zu »Glaube und Heimat«, 1/1925, 1). Dort wird ausgeführt: »Unser bescheidenes Kirchenblatt möchte die Glieder der evangelischen Gemeinde Eisenach über deren Leben auf dem Laufenden erhalten und möchte helfen, die Beziehungen zwischen den Gemeindemitgliedern und ihren Pfarrern enger zu knüpfen« (Pfarrer, Kirchenblatt, 1).

33 Vgl. beispielsweise Anonym, Zur Jahreswende 1917/18, in: Heimatklänge aus dem Weimarischen Kreise, 1/1918, 1, 1: »Der Weltkrieg ist das spannendste, von der lebhaftesten Teilnahme aller Völker begleitete Schauspiel, das je über die Weltbühne ging. Sein letzter Akt scheint zu beginnen. Heute, am Jahresabend, sitzen wir im Zuschauerraum. Mit atemloser Erwartung schaut alles nach dem Vorhang. Da, um Mitternacht, ein Klingelzeichen, und auf dem Vorhang erscheint in großer Lichtschrift eine Zahl. 1918 – lesen wir – so heißt das Stück, das gegeben

sollten die »Heimatglocken« als Feldpost die »heimatlichen Klänge« hinüber »läuten« und derart – auch und gerade als »Feldseelsorge«[34] – ihre kirchliche und heimatliche Verbundenheit stärken.[35] Andererseits dürfte auch die vielschichtige

wird. Als Spiel? Nein, als rauhe, nackte Wirklichkeit. Ob wir's bis zu Ende mit ansehen werden? Wer weiß! Es dauert lange, volle 365 Tage. Ein zweites Klingelzeichen, und langsam hebt sich der Vorhang. Was siehst du jetzt? Ganz vorne Schützengräben! Feldgraue an Brustwehren und Krankenträger mit Tragbahren [...]«.

34 PAUL NIESE, Die Heimatglocken an alle!, in: Mitteilungen für die Thüringer Heimatglöckner, 4/1918, 1–3, 1.

35 Vgl. dazu exemplarisch den anonym verfassten »Heimatbrief an unsere lieben Krieger« (in: Heimatklänge aus dem Weimarischen Kreise, 1/1917, 2f.) oder den ein Jahr später abgedruckten, von einem Soldaten names ENLENSTEIN (Vorname unbekannt) verfassten »Feldpostbrief« (in: Heimatklänge aus dem Weimarischen Kreise, 1/1918, 2), in dem auf zugesandte »Heimatklänge« Bezug genommen wird: »Ich sende Ihnen viele Grüße aus Italien. Gestern habe ich die Heimatklänge erhalten [...]. Man freut sich doch, wenn man etwas aus der Heimat hört, denn hier im fernen Italien bekommt man keine Zeitung noch sonst etwas zu lesen, ich bedanke mich vielmals dafür« (ENLENSTEIN: Feldpostbrief, 2). S. zur kaum zu überschätzenden Bedeutung dieser ausgeschärften Zielstellung der Thüringer evangelischen Gemeindeblätter auch Fußnote 18 und vgl. u.a. die Zahlen, die WALTHER FÖRTSCH in seinem Artikel »Unsere Heimatglocken – kirchliche Blätter« (in: Mitteilungen für die Thüringer Heimatglöckner, 2/1917, 1f.) anführt: »Ich lasse 1100 Stück Heimatglocken drucken, davon tragen die Kinder ca. 300 in die Häuser, 460 gehen ins Feld, die andern an auswärtige Ostheimer und Freunde« (FÖRTSCH, Heimatglocken, 2). Vgl. weiterhin auch die von EDUARD LEISKE in Teil I seines Artikels »Die Heimatglocken und die Briefe des Apostels Paulus, eine Parallele« (in: Mitteilungen für die Thüringer Heimatglöckner, 2/1917, 4-6) getroffenen Ausführungen: »Und jetzt vollends, seit dem Weltkrieg, sind unsere ›Heimatglocken‹ sogar gewissermaßen universalistisch wie Pauli Briefe geworden. Sie gehen in die verschiedensten Länder und Erdteile in vielen tausenden von Blättern, sie sind zu finden in den Schützengräben Flanderns, Frankreichs, Kurlands und Polens, an den Ufern des Wardar und der Weichsel, von der Maas bis zur Memel, von der Etsch bis zum

Übergangszeit der Jahre 1918 bis ca. 1922 weitere Ausschärfungen zur Folge gehabt haben: Es ist davon auszugehen, dass die zu Beginn der Weimarer Republik erschienenen sowie vermutlich in hoher Stückzahl neu gegründeten (s. Diagramm 1) Thüringer evangelischen Gemeindeblätter vor dem Hintergrund des Zusammenbruchs des Summepiskopats in den Thüringer Kleinstaaten, einer umfassenden Neuordnung der kirchlichen Strukturen »vor Ort« und schließlich der Gründung der »Thüringer Evangelischen Kirche« im Jahr 1920[36] zwar weiterhin als wichtiges Mittel dienen sollten, um eine Stärkung der kirchlichen und heimatlichen Verbundenheit herbeizuführen – nun aber die zu stärkende kirchliche Verbundenheit mit Blick auf die neu entstehende bzw. entstandene Landeskirche geweitet wurde. Deutlich wird dies beispielsweise in der Erstausgabe des »Evangelischen Gemeindeblattes für Altenburg« aus dem Jahr 1920, in der der Generalsuperintendent des Herzogtums »Sachsen-Altenburg« und ab 1921 als Landesoberpfarrer der »Thüringer Evangelischen Kirche« agierende Wilhelm Reichardt in seinem Vorwort »Zum Geleit«[37] auf die Intention des neu gegründeten Blattes zu sprechen kommt und dabei einen expliziten Bezug zu den aus seiner Sicht kurz bevorstehenden (staats-)kirchlichen Umstrukturierungen darstellt. Das neu gegründete Gemeindeblatt soll so auf der örtlichen als auch der landeskirchlichen Ebene zugleich die kirchliche Verbundenheit seiner Leser stärken:

Belt, in den Bergen der Vogesen und des Balkans, auf den Wogen, wie den Tiefen des Ozeans, bei den Mannschaften unserer Kreuz- und U-Boote« (Leiske, Heimatglocken I, 4).

36 S. genauer Fußnote 16.

37 In: Evangelisches Gemeindeblatt für Altenburg, 1/1920, 1 f.

»Was will das Gemeindeblatt? – Bei der Neuordnung der kirchlichen Dinge soll sich alles auf der selbsttätigen Gemeinde aufbauen. Dann muß eine Gemeinde aber auch wirklich eine Gemeinschaft solcher sein, die wissen, was sie wollen und sollen. Dazu soll das Gemeindeblatt helfen. [...] Unserer Altenburger Kirchgemeinde gehört es. Heimatlich muten uns die Bilder unserer 3 Stadtkirchen an in der von einer unserer Pfarrfrauen entworfenen Kopfleiste. Aus unserem Gemeindeleben soll das Gemeindeblatt berichten, was im Kirchenvorstand beraten und beschlossen, was bei kirchlichen Festen und Versammlungen gesprochen, was auf Gemeindeabenden verhandelt, was in Vorträgen ausgeführt wurde, was an kirchenmusikalischen Veranstaltungen stattfindet, was sonst sich Bemerkenswertes ereignet, was aus dem christlichen Vereins- und Gemeinschaftsleben mitzuteilen, was über die kirchliche Jugenderziehung zu sagen ist. Fragen der Landeskirche sollen behandelt werden. Die einschneidende Veränderung der Auflösung unserer Sachsen-Altenburgischen Landeskirche und des Übergangs in die Thüringer evangelische Kirche steht nahe bevor, da bedarf es mancher Aufklärung, um das Neue richtig zu verstehen und zu werten, auch allgemeine Zeiterscheinungen sollen einmal ins Licht der Ewigkeit gerückt werden. [...] Bitten und Anregungen aus der Gemeinde selbst wird das Blatt gern aufnehmen. In der Volkskirche sollen die ›Laienstimmen‹ besser als bisher gehört werden. So wird es dem Gemeindeblatte an Stoff nicht mangeln, und bald wird es gewiß von den Gemeindegliedern als einigendes Band empfunden werden.«[38]

---

38 REICHARDT, Geleit, 1. Auch beispielsweise in dem von Pfarrer WILHELM KÜHNE verfassten und der Erstausgabe der »Heimatglocken. Evangelisches Gemeindeblatt für Gillersdorf, Friedersdorf und Willmersdorf« vorangestellten Vorwort »Den Heimatglocken zum Geleit« (in: Heimatglocken. Evangelisches Gemeindeblatt für Gillersdorf, Friedersdorf und

Wie wurde diese angestrebte Zielstellung der Gemeindeblät-
ter – die kirchliche und heimatliche Verbundenheit ihrer
Leser zu stärken – nun verwirklicht? Sämtliche von Gerhard
E. Stoll benannten Elemente von Sonntags- und Gemeindeblättern wie »Verkündigung, Erbauung, Unterweisung,
Unterrichtung, öffentliche Seelsorge [sowie] unterhaltende
Beiträge«[39] (s. Kapitel 2) lassen sich auch in den Thüringer evangelischen Gemeindeblättern finden[40] und können unter dieser
Zielstellung interpretiert werden. Hinzu treten heimatkund-
liche, insbesondere kirchenpolitische Ereignisse kommentie-
rende, abkündigende und apologetische Elemente sowie ein
expliziter Volkserziehungs-/Volksbildungsanspruch,[41] so dass
zu erwarten steht, dass sich in der Thüringer evangelischen
Parochialpublizistik bedeutende Teile nicht nur der theolo-
gie- und kirchen-, sondern auch der sozial-, politik-, kultur-,
mentalitäts- sowie volkserziehungs- und volksbildungs-
geschichtlichen Entwicklungen (nicht nur) der Thüringer
Kleinstaaten bzw. des Landes Thüringens nach 1900 bis zum

Willmersdorf, 1/1922, 1f.) kommen ähnliche, zugleich mit einem expliziten Volkserziehungs-/Volksbildungsanspruch (s. dazu genauer Kapitel 4)
verbundene Zielstellungen zum Ausdruck: »Es herrscht in unseren Gemeinden eine so große Unkenntnis und Unwissenheit bezüglich kirchlicher Dinge und der neuen kirchlichen Entwicklung, daß unbedingt auf-
klärende Arbeit hier getan werden muß. Rechtes Verständnis gegenüber
allen kirchlichen Dingen muß allen Kirchengemeindemitgliedern in unserer Zeit der Trennung der Kirche vom Staat und der kirchlichen Selbst-
verwaltung vor allem eingeimpft werden« (Kühne, Heimatglocken, 1).

39   Stoll, Zeitschriftenpresse, 49.

40   Vgl. hierzu exemplarisch einen beliebigen Jahrgang eines Thüringer
evangelischen Gemeindeblattes, so beispielsweise den ersten Jahrgang
des »Evangelischen Gemeindeblattes für Altenburg« (1920), in dem sich
die benannten Elemente sämtlich finden lassen.

41   Vgl. ebd. und s. zum expliziten Volkserziehungs-/Volksbildungsanspruch
auch Fußnote 38 sowie genauer Kapitel 4.

Zweiten Weltkrieg hin nachzeichnen lassen – stets dabei »in Bezug auf die anzusprechenden Gemeinden«[42]. Die Gemeindeblätter erhalten in dieser Blickrichtung eine Dignität, die über einen Status als pejorativ konnontierte »Massenliteratur für das einfache Volk« weit hinaus geht: Hier werden die für die einzelnen Gemeinden wichtigen Themen direkt im Blick auf die jeweils fokussierten Gemeinden verhandelt; und im Gegenzug wiederum ist die Thüringer evangelische Parochialpublizistik so nahezu unmittelbarer Ausdruck einer kirchengemeindlichen Wirklichkeit, welche sich beispielsweise aus zeitgenössischen religionspädagogischen und praktisch-theologischen Schriften u.a. aufgrund ihrer Verwurzelung in einer historisch-systematischen Wissenschaftstradition nicht bzw. nur bedingt rekonstruieren lässt.

Insofern die Gemeindeblätter dabei durch die publizistische Arbeit vorrangig von Pfarrern, aber auch von sonstigen »kirchlichen Helfern«[43] bis hin zu akademisch vermutlich nicht vorgebildeten Autoren,[44] durch den angestrebten umfassenden Versand[45] sowie durch das weitreichende Fehlen einer kirchenamtlichen Einflussnahme eine evangelische Kommu-

---

42 STOLL, Zeitschriftenpresse, 49.

43 GOTTLIEB IHME, Gruß und Segenswunsch dem wieder erscheinenden Gemeindeblatt!, in: Altenburger evangelisches Gemeindeblatt für Stadt und Land, 1/1945, 4, 4.

44 Vgl. beispielsweise den in Fußnote 35 zitierten ENLENSTEIN, der im Ersten Weltkrieg einen niedrigen Dienstrang bekleidete und zu Hause (Tröbsdorf bei Weimar) als »Fahrer« arbeitete (vgl. ENLENSTEIN, Feldpostbrief, 2).

45 Vgl. dazu beispielsweise WALTHER FÖRTSCHS und PAUL NIESES gleichnamige Artikel mit dem bezeichnenden Titel »Die Heimatglocken an alle!« (in: Mitteilungen für die Thüringer Heimatglöckner, 2/1918, 4 und 4/1918, 1-3).

nikation jenseits des Gottesdienstes oder kirchenamtlicher Verlautbarungen wie beispielsweise im Rahmen des von 1880 bis 1920 erschienenen »Kirchlichen Verordnungsblattes für das Großherzogtum Sachsen-Weimar-Eisenach«[46] etablierten, können sie als Ausdruck eines über die Thüringer evangelischen Landeskirchen bzw. (ab 1920) die »Thüringer Evangelische Kirche« deutlich hinausgehenden (gleichwohl mit ihnen/ ihr eng verknüpften) evangelischen Christentums gedeutet werden. Genau wie in dem seit dem 18. Jahrhundert existierenden und in den ersten Jahrzehnten des 20. Jahrhunderts vielfaltig boomenden »Verbands-/Vereinsprotestantismus«[47]

---

46 Vgl. zur Zielstellung dieses Verordnungsblattes die in der Erstausgabe von einem Mitarbeiter namens STICHLING (Vorname unbekannt) verfasste »Ministerial-Bekanntmachung, das kirchliche Verordnungsblatt betreffend« (in: Kirchliches Verordnungsblatt für das Großherzogtum Sachsen-Weimar-Eisenach, 1/1880, 1f.). Dort heißt es: »Nachdem dem auf Herausgabe einer Zusammenstellung der kirchlichen Gesetze und Verordnungen gerichteten Antrage der Landessynode hinsichtlich der bis 1. Oktober 1879 erschienenen Gesetze und Verordnungen durch die mittelst Verordnung vom 3. Dezember 1849 eingeführte ›Sammlung der kirchlichen Gesetze und Verordnungen im Großherzogtum Sachsen-Weimar-Eisenach seit dem Jahr 1848‹ entsprochen worden ist, haben wir beschlossen, zur weiteren Erfüllung jenes Antrags die Herausgabe eines ›kirchlichen Verordnungsblattes für das Großherzogtum Sachsen-Weimar-Eisenach‹ zu veranstalten, in welchem alle späteren Gesetze und Verordnungen [...] von Zeit zu Zeit [...] in chronologischer Folge zum Abdruck gebracht werden sollten« (STICHLING, Bekanntmachung, 1).

47 Vgl. einleitend MARTIN HONECKER, Profile, Krisen, Perspektiven. Zur Lage des Protestantismus, Göttingen 1997, 179–184 sowie zeitgenössisch im Jahr 1931 CONSTANTIN FRICK mit seinem Lexikonartikel ›Vereinswesen I. Evangelisch« (in: RGG² V (1931), 1502–1509, vgl. im Folgenden 1504f.), der jeweils für die Zeit von 1890–1914 und 1914–1930 stichpunktartig die Gründung zahlreicher, dabei ausgesprochen vielfältige Zielstellungen verfolgender Vereine benennt, so u.a. »Erster Pfarrerverein in Gießen« (1890), »Deutsch-Christliche Studentenvereinigung« (1897), »Gesellschaft

machen sie so deutlich, dass (evangelisches) Christentum
stets mehr ist als (evangelische) institutionalisierte Kirche. So
finden sich, um zumindest ein einziges ausgewähltes Beispiel
zu erwähnen, im erstmals im Jahr 1920 erschienenen »Evangelischen Gemeindeblatt für Altenburg« verschiedene u.a. vom da-
maligen Altenburger Studienrat GERHARD BOHNE bzw. vom
VORSTAND DES [THÜRINGER EVANGELISCHEN] ELTERN-
BUNDES verfasste Artikel zur Gestaltung der Schule in der Weimarer Republik, die durch ihr Insistieren auf einer evangelischen
Bekenntnisschule[48] durchaus nicht der (sich heraus bildenden) –

---

zur Ausbreitung des Evangeliums unter den Katholiken« (1900), »Deutscher V[erein] für Kindergottesdienst und Sonntagsschule« (1910), »Deutsche Gesellschaft zur Förderung der Evg.-theol. Wissenschaft« (1919),
»Reichselternbund« (1922), »Verband Deutscher Evg. Seemansmission«
(1923) oder »Evg. Reichsausschuß für Siedlungs- und Wohnungswesen«
(1926).

48 Vgl. zusammenfassend DAVID KÄBISCH/MICHAEL WERMKE, Gerhard
Bohne als Religionspädagoge, in: GERHARD BOHNE, Religionspädagogik
als Kulturkritik. Texte aus der Weimarer Republik. Eingeleitet, herausgegeben und kommentiert von DAVID KÄBISCH und MICHAEL WERMKE,
Leipzig 2007, 15–141, 78–100 sowie beispielsweise den vom VORSTAND DES
[THÜRINGER EVANGELISCHEN] ELTERNBUNDES verfassten Artikel
»Was der christliche Elternbund will« (in: Evangelisches Gemeindeblatt
für Altenburg, 14/1924, 105–107) oder auch den von BOHNE verfassten
Artikel »Der evangelische Elternbund« (in: Evangelisches Gemeindeblatt für Altenburg, 18/1924, 137f.), in dem BOHNE Gründe für eine
evangelische Bekenntnisschule darlegt: »1. Weil das Zentrum zweifel-
los eine katholische Schule durchsetzen wird, und dann dieser katholischen Schule in den evangelischen Ländern nur eine religionslose Schule gegenüberstehen würde. Das würde eine unersätzliche Schwächung
des evangelischen Lebens in Deutschland bedeuten. 2. Weil durch eine
›Gemeinschaftsschule‹, die die grassen Gegensätze im Volk nur ver-
tuscht, niemals eine wirkliche Volksgemeinschaft geschaffen werden
wird, sondern nur dann, wenn jede Gruppe durch Erziehung nach
ihren Grundsätzen Wert oder Unwert ihres inneren Besitzes erweisen

auf eine konfessionelle und nicht-konfessionelle Kinder und Jugendliche vereinende, einen konfessionellen Religionsunterricht besitzende Gemeinschaftsschule abzielenden – landeskirchlichen Meinung entsprachen,[49] wohl aber durch das Vortragen entsprechender Argumente diese (entstehende) Meinung zu beeinflussen versuchten.[50] Im »Evangelischen Gemeindeblatt für Altenburg« wird so ein Diskurs fassbar, der ganz im

---

kann. Und endlich 3., weil wir christlichen Eltern uns eine Erziehung auch in der Schule nicht denken können, die nicht den Geist des Christentums atmet« (BOHNE, Elternbund, 137f.).

49 Vgl. dazu erneut zusammenfassend KÄBISCH/WERMKE, Bohne, 78–100, speziell zur von der »Thüringer Evangelischen Kirche« angestrebten Gemeinschaftsschule a.a.O., 84f. und 98f. sowie zum Verhältnis von Elternbund und Landeskirche beispielsweise a.a.O., 87: »Damit war jedoch zugleich eine zweite Konfliktlinie eröffnet: Innerkirchliche Bestrebungen wie die des Elternbundes nach einem bekenntnisorientierten Schulwesen waren von Seiten der Landeskirchenleitung zurückzudrängen. Der Elternbund ging mit seiner Position über die Vorstellungen der Landeskirchenleitung weit hinaus und untergrub damit öffentlich die Glaubwürdigkeit der Landeskirche gegenüber der Landesregierung und dem Lehrerverband. Die Kirchenleitung wies ihrerseits den Anspruch des Elternbundes zurück, für die Mehrheit der evangelischen Christen in Thüringen zu sprechen, und proklamierte diesen Anspruch für sich selbst.«

50 Vgl. dazu beispielsweise den vom VORSTAND DES [THÜRINGER EVANGELISCHEN] ELTERNBUNDES verfassten Artikel »Was der christliche Elternbund will« (in: Evangelisches Gemeindeblatt für Altenburg, 14/1924, 105-107), in dem nach einer ausführlichen Argumentation für eine evangelische Bekenntnisschule folgender Wunsch formuliert wird: »Wir sind überzeugt, daß alle Lehrer, die christlich denken und empfinden – und das sind doch bei weitem die meisten, – nur in der christlichen Schule [gemeint ist eine spezifisch evangelische Bekenntnisschule, vgl. VORSTAND, Elternbund, 106] mit wirklicher innerer Freiheit schaffen und erziehen können. Und wir glauben endlich, daß wir darin auch mit dem Landeskirchenrat im tiefsten Grunde übereinstimmen und würden nichts mehr begrüßen, als wenn er seine unklare Formulierung aufgäbe und sich unserer klaren anschlösse« (a.a.O., 107).

Sinne der von JÜRGEN HABERMAS formulierten Diskursethik auf einen »herrschaftsfreien«[51], »vernünftige[n] Konsensus der Bürger über die praktische Beherrschung ihrer Geschichte«[52] abzielt und als Ausdruck demokratischer Entscheidungsfindung gedeutet werden kann. Dass derart in der Thüringer evangelischen Parochialpublizistik ein über die Thüringer evangelischen Landeskirchen bzw. (ab 1920) die »Thüringer Evangelische Kirche« deutlich hinausgehendes (gleichwohl mit ihnen/ihr eng verknüpftes) evangelisches Christentum öffentlich miteinander kommunizierte sowie – durchaus in Widerspruch zu den mit dem Heimatbegriff verknüpften restaurativen, sentimental-nostalgischen Tendenzen (s.o.) – in dieser Form u.a. kirchenpolitische Entscheidungen auf demokratischem Wege anzubahnen suchte, bleibt dabei allerdings eine These, welche nun am Quellenmaterial umfangreich zu erhärten wäre.

---

51 DETLEV HORSTER, Diskurs-Ethik. Jürgen Habermas, in: HANS-JOA-CHIM MARTIN (Hrsg.), Am Ende (–) die Ethik? Begründungs- und Vermittlungsfragen zeitgemäßer Ethik. Mit Beiträgen von Johann S. Ach, Arno Anzenbacher, Detlev Horster, Ekkehard Martens, Richard Toellner u.a., Münster/Hamburg/London 2002, 84–91, 84.

52 So HELGA GRIPP, Jürgen Habermas. Und es gibt sie doch – Zur kommunikationstheoretischen Begründung von Vernunft bei Jürgen Habermas, Paderborn/München/Wien/Zürich 1984, 20, mit Blick auf die Thematik der HABERMAS'schen Habilitationsschrift »Strukturwandel der Öffentlichkeit« (Neuwied 1962), womit allerdings zugleich das Anliegen der (erst später explizit entwickelten) Diskursethik zur Sprache kommt. Vgl. genauer zu dieser auch GRIPP, Habermas, 130–136.

4. Die »Mitteilungen für die Thüringer Heimatglöckner« (1917–1919)

Die in Kapitel 3 getroffenen Beobachtungen und Anmerkungen müssen aufgrund der bislang nur fragmentarisch erschlossenen Quellenlage als ausgesprochen vorläufig festgehalten werden. Vor diesem Hintergrund ist es als Glücksfall zu werten, dass sich im »Landeskirchenarchiv Eisenach« der »Evangelischen Kirche in Mitteldeutschland« nicht nur zahlreiche Thüringer evangelische Gemeindeblätter bzw. »Heimatglocken«, sondern ebenfalls die »Mitteilungen für die Thüringer Heimatglöckner« finden – eine Zeitschrift, die vorwiegend vierteljährlich in (vermutlich) neun Ausgaben vom 15.06.1917 bis zum 15.09.1919 erschien[53] und als Verbandszeitschrift der »Freunde von Gemeindeblättern in Thüringen« fungierte. Diese u.a. mit der »Dorfkirchenbewegung«[54] und

---

[53] S. zur Gründungsausgabe fortfahrend. Ob Nummer 9 der »Mitteilungen für die Thüringer Heimatglöckner« vom 15.09.1919 die letzte erschienene Ausgabe darstellt oder ob darüber hinaus noch weitere Ausgaben folgten, muss fraglich bleiben: Einerseits sind sowohl im »Landeskirchenarchiv Eisenach« der »Evangelischen Kirche in Mitteldeutschland« als auch in der »Deutschen Nationalbibliothek« Leipzig und der »Staatsbibliothek zu Berlin« nur jeweils neun Ausgaben vorrätig bzw. bekannt – in Eisenach fehlt die zweite Ausgabe, während in Leipzig die Zeitschriften im Zweiten Weltkrieg zerstört wurden und nur noch im Katalog verzeichnet sind –, andererseits werden aber in der letzten Ausgabe keinerlei Anmerkungen über eine bevorstehende Einstellung der Zeitschrift getroffen.

[54] Hintergründe und Zielstellungen der »Dorfkirchenbewegung« schildert zeitgenössisch im Jahr 1927 Hans von Lüpke in seinem gleichnamigen Lexikonartikel (in: RGG² I (1927), 1984–1986): »Das Dorfleben in seiner geschlossenen Eigenart [...] ist in seinem herkömmlichen Wesen durch die neue Zeit stark gefährdet: durch den Zuzug fremdartiger Menschen mit fremden Sitten und Anschauungen, durch zu großes und zu schnelles Wachstum, durch die Aufhebung der Entfernungen (Eisenbahn, Rad,

dem »Evangelischen Preßverband in Deutschland«[55] in zeit-

Radio) und dadurch bedingtes Zusammenrücken ganzer Völker, durch die Maschine mit ihrem naturwissenschaftlichen und mechanischen Geiste, der die Natur entseelt, durch das Händlertum, das auch Brot und Heimat zur käuflichen Ware macht und als Wertmaßstab nur das Geld kennt, durch die politischen Zerklüftungen, die früher dem Dorfe unbekannt waren, und die Zerklüftung der Weltanschauungen. Das Dorf verliert seine Seele, seine eigene Kultur, seine Eigenart und damit auch sein sittliches Selbstbewußtsein. Es wird zum Zerrbild der Stadt. Seine Krankheitserscheinungen sind die Landflucht, die Verhärtung des ursprünglich sozialen Geistes, Verflachung des Lebens, Nachahmungs- und Vergnügungssucht, innere Schwäche, Geist- und Freudlosigkeit. [...] Aus dieser Not heraus hat im Jahr 1907 Heinrich Sohnrey [...] die Monatsschrift ›Die Dorfkirche‹ ins Leben gerufen, die seitdem von H. v. Lüpke geleitet wird. Aus ihr entstand die Dorfkirchenbewegung [...], die sich über ganz Deutschland und darüber hinaus ausgebreitet und auch eine große kath. D. im Gefolge gehabt hat. Sie erstrebt in erster Linie seelenkundliches Verständnis dieses erkrankten Dorflebens und der Dorfkirche als der Seele dieses Lebens. Ihr ist die Dorfkirche nicht etwa Bauernkirche, Standeskirche, sondern umgekehrt Seele dieses organischen sozial gegliederten Gesamtlebens. [...] Sie will nicht ein Zurückschrauben auf Abgestorbenes, nicht mehr Vorhandenes, sondern eine Neuschöpfung, aber durch Belebung der alten bleibenden Triebkräfte, die aus den Grundbedingungen des Lebens heraus Formen und Sitten dieses Lebens bilden, nicht im Gegensatz zur Stadt, sondern um das Dorfleben in seiner Art ebenso zum Dienst am Ganzen stark zu machen wie die Stadt in ihrer Art. Sie will daher als Grundlage die konkrete natürliche Gemeinde zu einer geistigen innerlichen Gemeinde machen auf Grund der gemeinsamen Buße und Gnade [...]. Die irdische Heimat wird zu einer wirklichen Heimat der Seele durch Einsenkung der Himmelskräfte des Evangeliums« (LÜPKE, Dorfkirchenbewegung, 1984f.).

55 Der am 03.02.1910 in Wittenberg durch Vertreter landeskirchlicher Presseverbände, Presseausschüsse und diverser kirchlicher Vereine gegründete »Evangelische Preßverband in Deutschland« verfolgte laut Satzung vom 11.11.1912 »den Zweck, die evangelischen Preßverbände und andere, Preßarbeit treibende Körperschaften Deutschlands zur Vertretung und Verteidigung evangelischer Weltanschauung sowie zur Betätigung

weise enger Berührung stehende[56] Vereinigung von Thürin-

der öffentlichen Mission der evangelischen Kirche durch die Presse und in der Presse zusammenzufassen. Insbesondere hat er die Aufgabe, das Verantwortlichkeitsgefühl des evangelischen Christen gegenüber der Presse zu wecken und zu vertiefen, sowie einen umfassenden, durchaus unabhängigen journalistischen Tagesdienst bei der gesamten deutschen Presse zu organisieren« (zit. nach MEHNERT, Presse, 202). Spätestens unter dem von 1918 bis in den Zweiten Weltkrieg hinein andauernden Direktorat von AUGUST HINDERER wird der »Preßverband« dann zu einer höchst einflussreichen Organisation, deren Hintergründe und Zielstellungen HINDERER selbst im Jahr 1930 im Lexikonartikel »Presse VI. Evangelisch-kirchliche Pressearbeit« (in: RGG[2] IV (1930), 1462-1467) wie folgt umreißt: »Schon die fortschreitende Einsicht in das Wesen der P. mit ihrem Doppelcharakter als Gestalterin und als Ausdruck der ›Öffentlichkeit‹ hatte zum Postulat evg. Willensbildung weitergeführt als indirekter Aufgabe und notwendigem Korrelat der P.arbeit [...]. Stärker noch waren die Antriebe, die aus den geistig-politischen Umschichtungen der Nachkriegszeit erwuchsen. So weitet sich P.arbeit zur Öffentlichkeitsarbeit. Mobilisierung und Aktivierung der Evangelischen zu planvoller Erfassung der Aufgaben in Staat und Volk namentlich auf dem Gebiet der Kulturpolitik wird jetzt die Losung. In dem hart einsetzenden Ringen um die christlichen Grundlagen des Volkslebens wird der Evg. P.verband [...] zum wichtigen Instrument. In den Arbeitsrahmen werden zahlreiche neue Aufgaben einbezogen: die Bildungsaufgabe (Volkshochschule, Büchereiwesen, Literaturpflege, Laienspiel, Volksmusik; Zusammenfassung der evg. Volksbildungsarbeiten im ›Deutschen Evg. Volksbildungsausschuß‹), die Schularbeit (Reichselternbund, Elternbeiräte, Gesellschaft für evg. Pädagogik), Mitarbeit an den Problemen der Kulturgesetzgebung, an den neuen Bildungsmitteln des Rundfunks, des Films u.a. [...] Die Zentralstelle des EPD. weitet sich zu 12 Abteilungen für die betreffenden Fachgebiete mit 14 hauptamtlichen akademischen Kräften und damit zu einer der größten evangelischen Organisationen« (HINDERER, Presse, 1466).

56 So wurde beispielsweise die im Jahr 1918 stattfindende Erfurter Tagung der »Freunde von Gemeindeblättern in Thüringen« dem ebenfalls in Erfurt stattfindenden »Dorkirchentag« zeitlich direkt vorgeschaltet – vgl. JOHANN THÖLLDEN, Unsere Erfurter Tagung, in: Mitteilungen für die

ger »Heimatglöcknern« (worunter vorrangig die Schriftleiter
der einzelnen Gemeindeblätter, aber darüber hinaus auch
sämtliche an diesen mitarbeitenden Personen verstanden

Thüringer Heimatglöckner, 2/1918, 1f., 2: »[u]nsere Heimatglocken aber
haben, denke ich, den Dorfkirchentag, der sich unserer Tagung anschloß,
würdig eingeläutet« – und in den »Mitteilungen für die Thüringer Heimatglöckner« intensiv Werbung für die »Dorfkirchenbewegung« betrie-
ben. So veröffentlichte PAUL NIESE 1918 über einer in den »Mitteilungen«
abgedruckten Einladung zur einer Versammlung der »Dorfkirchenbewegung« in Saalfeld folgende Notiz: »Auf die Einladung zur Tagung in Saalfeld möchte ich noch besonders hinweisen. Unsere Heimatglockensache
steht im engen Zusammenhang mit der Dorfkirchenbewegung. Daher
freuen wir uns, daß letztere in Thüringen fortschreitet und bitten um
recht zahlreichen Besuch« (PAUL NIESE, Dorfkirchenversammlung, in:
Mitteilungen für die Thüringer Heimatglöckner, 3/1918, 4, 4). Die augen-
scheinlichste Verbindung zum »Evangelischen Preßverband in Deutschland« wiederum lässt sich 1919 erkennen, als AUGUST HINDERER, seit
1918 Direktor des Verbandes (s. Fußnote 55), auf der Erfurter Tagung
der »Freunde von Gemeindeblättern in Thüringen« den Hauptvortrag
hielt (vgl. JOHANN THÖLLDEN, Tagung Thüringer Heimatglöckner in
Erfurt, in: Mitteilungen für die Thüringer Heimatglöckner, 2/1919, 1f.,
1). Die zugrunde liegenden Verknüpfungen und Möglichkeiten der Zu-
sammenarbeit skizziert NIESE in seinem im Vorfeld der Tagung erschienenen Artikel »Der Evangelische Preßverband für Deutschland und die
Gemeindeblätter« (in: Mitteilungen für die Thüringer Heimatglöckner,
1/1919, 1–3): »Der Preßverband will überhaupt mehr und mehr unser Helfer werden. An seiner Spitze steht bekanntlich Pfarrer A. Hinderer, der
als langjähriger Leiter der Württemb. Gemeindeblätter, besonderes des
Blattes für Stuttgart, die Art und Bedeutung unserer Arbeit aus eigener
Arbeit und Erfahrung heraus am besten kennt. Er wird den schon seit
vielen Jahren gehegten Plan und Wunsch verwirklichen, daß der Preßverband sich zu einer Mittelstelle für die Gemeindeblätter entwickelt.
Er hat bereits eine Abteilung für Gemeindeblätter beim Evangelischen
Preßverband eingerichtet. Sie soll weiter ausgebaut werden und als Werbestelle, Beratungsstelle, Sammelstelle und nicht zuletzt als Werkstatt
für unsere Blätter dienen. Wir brauchen dringend solche Stelle« (NIESE,
Preßverband, 1).

wurden)[57] existierte seit dem Jahr 1912[58] und sollte dem gegenseitigen Austausch sowie der umfassenden Förderung der »Gemeindeblattsache«[59] bzw. »Heimatglockensache«[60] in Thüringen dienen.[61] Im Zentrum der Verbandsarbeit standen dabei die jährlich im Frühjahr in Erfurt stattfindenden Verbandstagungen,[62] so beispielsweise am 07.05.1917, auf welcher auch die Herausgabe der »Mitteilungen für die Thüringer Heimatglöckner« an die Mitglieder des Verbandes beschlossen wurde.[63]

---

57 Vgl. PAUL NIESE, Zum Geleit, in: Mitteilungen für die Thüringer Heimatglöckner, 1/1917, 1, 1.

58 Vgl. hierzu u.a. den von JOHANN THÖLLDEN verfassten Bericht »Unsere Erfurter Tagung« (in: Mitteilungen für die Thüringer Heimatglöckner, 2/1918, 1f.), in welchem THÖLLDEN ausführt: »Ihren sechsten Geburtstag durfte unsere Arbeitsgemeinschaft feiern, als wir Thüringer Heimatglöckner uns am 27. Mai [1918] im Erfurter Hof in Erfurt wieder zusammenfanden zu gemeinsamer Beratung [...]« (THÖLLDEN, Unsere Erfurter Tagung, 1).

59 NIESE, Geleit, 1.

60 NIESE, Dorfkirchenversammlung, 4.

61 Vgl. NIESE, Geleit, 1: »Der Kreis der Freunde von Gemeindeblättern in Thüringen hat sich nach und nach zusammengeschlossen. Sein Mittelpunkt sind unsere Erfurter Tagungen. Dort haben sich manche bei jeder Tagung eingefunden. In jedem Jahre kommen neue Mitglieder hinzu. Aber es fehlen uns noch viele. Wir möchten gern alle in Thüringen zusammenfassen, die Gemeindeblätter herausgeben oder wenigstens dafür lebendige Teilnahme haben.« Vgl. weiterhin auch die in den »Mitteilungen für die Thüringer Heimatglöckner« verschiedentlich abgedruckten Tagungseinladungen und -berichte, so beispielsweise den von JOHANN THÖLLDEN verfassten Bericht »Unsere Erfurter Tagung« (in: Mitteilungen für die Thüringer Heimatglöckner, 2/1918, 1f.).

62 Vgl. beispielsweise PAUL NIESE, Einladung nach Erfurt, in: Mitteilungen für die Thüringer Heimatglöckner, 1/1918, 1f., 1 und s. auch Fußnote 61.

63 Vgl. NIESE, Geleit, 1: »Die Vereinigung der Freunde von Gemeindeblättern in Thüringen tagte zum 5. Male am 7. Mai 1917 in Erfurt und beschloß da die Herausgabe von ›Mitteilungen‹ an ihre Mitglieder.«

Bereits am 15.06.1917 erschien dann die erste Ausgabe, in welcher der als Schriftleiter der »Mitteilungen für die Thüringer Heimatglocken« agierende, literarisch vielfältig ambitionierte, vermutlich mit zahlreichen Thüringer evangelischen Gemeindeblättern in engem Kontakt stehende und selbst ein solches herausgebende[64] Superintendent PAUL NIESE aus dem südlich von Gera gelegenem Weida in seinem einleitenden Artikel »Zum Geleit«[65] den Inhalt der neuen Zeitschrift vorstellt:

[64]   Zu den Publikationen NIESES zählt u.a. der »Ostergruß. Den tapferen Kriegern d. Weimarischen Landes als Heimatgruß d. ev. Landeskirche des Großherzgt. Sachsen« (Weida 1916), die regionalkirchengeschichtliche Veröffentlichung »Die Geschichte der Stadtkirche zu Weida« (Weida 1933) oder die ebenfalls regionalkirchengeschichtliche Veröffentlichung »Die evangelischen Geistlichen Weidas seit der Reformation« (Weida 1936). Für Weida und Umgebung verzeichnet die bereits in Fußnote 15 genauer vorgestellte, vom »Landeskirchenarchiv Eisenach« der »Evangelischen Kirche in Mitteldeutschland« erstellte Bestandsliste »Gemeindeblätter im Landeskirchenarchiv Eisenach« (Stand: 05.01.2012) dabei verschiedene Gemeindeblätter – so beispielsweise für das Weidathal (von 1909 bis 1934) oder für Weida selbst (von 1916 bis 1941) –, so dass davon auszugehen ist, dass NIESE als Superintendent hier vielfältige Berührungspunkte hatte und eventuell auch in diesen Gemeindeblättern publizierte. Dass NIESE dabei auch selbst eine »Heimatglocke« herausgab, wird u.a. in seinem Artikel »Der Verband der deutschen evangelischen Sonntagspresse« (in: Mitteilungen für die Thüringer Heimatglöckner, 1/1918, 2) deutlich, wo er beiläufig ausführt: »Ich habe z. B. bei meinen Weidaer Heimatglocken 1917 766,75 M. Lesegeld eingenommen und noch 1409,28 M. Geschenke und Beihilfen gebraucht, um zwischen Einnahme und Ausgabe das Gleichgewicht herzustellen« (NIESE, Verband, 2). Im Jahr 1947 bezeichnet der Thüringer Kirchenhistoriker RUDOLF HERRMANN in Band II seiner »Thüringischen Kirchengeschichte« (Weimar 1947) NIESE als »Schöpfer und unermüdlichen Verfechter« (HERRMANN, Kirchengeschichte II, 557) der Thüringer evangelischen Gemeindeblätter, wobei allerdings zumindest ersteres u.a. im Blick auf die Bedeutung von OSKAR MÜLLER (s. Fußnote 18) deutlich überzogen sein dürfte.

[65]   In: Mitteilungen für die Thüringer Heimatglöckner, 1/1917, 1.

»Als Inhalt des Blattes wollen wir neben den Berichten über unsere Tagungen Aufsätze über die Geschichte und Entwicklung der Gemeindeblattsache in Thüringen, Besprechung der einzelnen Gemeindeblätter, allerhand Winke und Wünsche für den allgemeinen und örtlichen Teil der Blätter usw. bringen. Es soll das Blatt nicht bloß wertvoll sein für die Schriftleiter des Hauptteiles, sondern ebenso auch für jeden, der an dem örtlichen Teil arbeitet und in irgend einer Weise Mithelfer bei der Gemeindeblattsache ist.«[66]

---

66 Niese, Geleit, 1. Dass Niese mit der Unterscheidung von »Haupt-« und »örtlichem Teil« die Thüringer evangelischen Gemeindeblätter dabei nicht als beizufügendes Material für entsprechende »Anschlussblätter« – die als zentral herausgegebene, überregional erschienene Sonntagsblätter parochialpublizistische, sich durch einen expliziten Bezug auf eine konkrete Parochie bzw. Parochiegemeinschaft auszeichnende Elemente einzig auf den letzten Seiten aufnahmen (s. Kapitel 2 und insbesondere Fußnote 14) – verstand, wird im gleichen Artikel deutlich: »Wir haben in Thüringen einen Reichtum an Gemeindeblättern, wie wohl kein Landstrich im deutschen Vaterland. Wir haben nicht wie Württemberg in Stuttgart oder Baden in Heidelberg einen Mittelpunkt, von dem aus für das ganze Land ein auf den ersten drei Seiten gemeinsames Blatt hergestellt wird. Bei uns gibt es neben einzelnen selbstständigen Blättern eine Menge von Gruppenausgaben. Ich sehe darin einen großen Vorzug. Kann doch dadurch, daß auch der Hauptteil auf einen kleineren Bereich zugeschnitten ist, das Heimatliche ganz anders zu Geltung kommen [...]« (Niese, Geleit, 1). Wie eine solche »Gruppenausgabe« – vgl. dazu auch den von Niese in seinem Artikel »Ein Vertrag« (in: Mitteilungen für die Thüringer Heimatglöckner, 4/1918, 3) vorgelegten Entwurf –, bei der also auch der »Hauptteil« parochialpublizistische Elemente aufweist, dabei verfasst sein kann, zeigt u.a. die Erstausgabe des Gemeindeblattes »Heimatglocken. Evangelisches Gemeindeblatt für die Kirchgemeinden Großfahner – Kleinfahner – Gierstädt« aus dem Jahr 1933, in der nach auf alle drei Gemeinden zugeschnittenen Artikeln örtliche Nachrichten kommen und sich im Impressum folgende Notiz findet: »Verantwortlich für den Allgemeinen Teil: Pfarrer A. Meng, Großfahner, für das Übrige der Ortspfarrer« (Anonym, [Notiz], in: Heimatglocken. Evangelisches

Vor dem Hintergrund der vorgestellten grundlegenden Intention der Thüringer evangelischen Parochialpublizistik – die (in den Quellen oft miteinander eng verwobene) kirchliche und heimatliche Verbundenheit ihrer Leser zu stärken (s. Kapitel 3) – strebten dabei mit PAUL NIESE auch die »Mitteilungen für die Thüringer Heimatglöckner« eine ähnliche, vorrangig den Fokus auf die kirchliche Verbundenheit richtende Zielstellung an:

> »Unser Ziel muß doch sein, daß unsere Blätter innerlich und äußerlich auf der Höhe bleiben, daß sie in Krieg und Frieden wirklich das unseren Gemeinden geben und bringen, wozu wir sie ins Leben riefen, daß sie ein, wenn auch nur bescheidenes Mittel sind, unsere Gemeinden zu wirklich christlich lebendigen Gemeinden zu gestalten.«[67]

Der Unterschied zu den Gemeindeblättern besteht nun natürlich darin, dass sie dies nicht direkt verwirklichen sollten,

---

Gemeindeblatt für die Kirchgemeinden Großfahner – Kleinfahner – Gierstädt, 1/1933, 2, 2). Ein zu NIESE ähnliches Verständnis, allerdings im Gegensatz zu NIESE die selbstständigen Blätter außer Acht lassend, weist auch der Thüringer Kirchenhistoriker RUDOLF HERRMANN in Band II seiner »Thüringischen Kirchengeschichte« (Weimar 1947) auf: »[Heimatglocken] sind Gemeindeblätter für Dörfer und Kleinstädte in der Weise, daß jede Ausgabe für einen kleineren Bezirk, etwa eine Diözese, bestimmt war und mehrere Seiten gemeinsamen Text enthielt, während die letzte Seite für ein oder zwei Kirchspiele besonders bestimmt war« (HERRMANN, Kirchengeschichte II, 557).

67　NIESE, Geleit, 1. Dass NIESE dabei auch die heimatliche Verbundenheit mit im Blick hat und nicht zwischen Kirchen- und Heimatgemeinde trennt, wird an zahlreichen anderen Stellen deutlich. So schreibt er beispielsweise im selben Artikel: »Zunächst aber wollen wir unseren lieben Thüringern [und nicht speziell den Thüringer Christen] dienen [...]« (NIESE, Geleit, 1).

sondern indirekt durch die jeweiligen Gemeindeblätter – und dass sie daher wiederum nicht implizit und zugleich praktisch die benannte Zielstellung zum Ausdruck bringen, sondern immer wieder explizit in programmatischen, zum Teil aufeinander bezogenen und sich gegenseitig durchaus kritisch hinterfragenden Artikeln.[68] Aufgrund dieses von Praktikern auf einer (von der Praxis ausgehenden und auf die Gestaltung der Praxis hin abzielenden) Metaebene geführten Diskurses um die »Gemeindeblattsache«[69] bzw. »Heimatglockensache«[70] in Thüringen sind die »Mitteilungen für die Thüringer Heimatglöckner« zur Erschließung der Thüringer evangelischen Parochialpublizistik und mittelbar der in ihr behandelten Themen (s. Kapitel 3) als ausgesprochen wertvolle Quelle zu werten.[71]

---

68 So zieht sich zum Beispiel das Thema »Friedensaufgaben unserer Heimatglocken« (NIESE, Einladung, 1) als roter Faden durch die »Mitteilungen für die Thüringer Heimatglöckner«, welches u.a. in PAUL NIESES »Einladung nach Erfurt« (in: Mitteilungen für die Thüringer Heimatglöckner, 1/1918, 1f.), in JOHANN THÖLLDENS Bericht »Unsere Erfurter Tagung« (in: Mitteilungen für die Thüringer Heimatglöckner, 2/1918, 1f.), in HANS KÖLLEINS Artikel »Friedensaufgaben der Heimatglocken« (in: Mitteilungen für die Thüringer Heimatglöckner, 2/1918, 2f.) oder in NIESES Artikel »Die Heimatglocken im Frieden« (in: Mitteilungen für die Thüringer Heimatglöckner, 4/1918, 1) diskutiert wird.

69 NIESE, Geleit, 1.

70 NIESE, Dorfkirchenversammlung, 4.

71 Hinzu tritt, dass der Erscheinungsverlauf von 1917 bis 1919 sowohl die letzten Jahre des Ersten Weltkrieges als auch die Zeit der Novemberrevolution(en) und der entstehenden Weimarer Republik abdeckt. Die »Mitteilungen für die Thüringer Heimatglöckner« erlauben damit Einsicht in eine vielgestaltige Umbruchszeit, die auch immer wieder explizit – so zum Beispiel in PAUL NIESES Artikel »Die Heimatglocken im Frieden« (in: Mitteilungen für die Thüringer Heimatglöckner, 4/1918, 1) – als weitreichende Herausforderung thematisiert wird: »Die Heimatglocken haben ihren wichtigen Kriegsdienst beendet. Aber

Ein für das Verständnis der Thüringer evangelischen Parochialpublizistik wie auch der »Mitteilungen für die Thüringer Heimatglöckner« wichtiger Punkt sei abschließend noch
angesprochen. Denn werden die programmatischen Aufsätze
der »Mitteilungen« eingesehen, zeigt sich schnell, dass die in
den Thüringer evangelischen Gemeindeblättern angestrebte
Stärkung einer kirchlichen und heimatlichen Verbundenheit
stets auch mit einer stark ethisch akzentuierten religiösen
Volkserziehung und -bildung verbunden werden sollte. Ausführlich bringt dies beispielsweise Pfarrer EDUARD LEISKE aus
Ulla bei Weimar in Teil II seines im Jahr 1917 erschienenen
Artikels »Die Heimatglocken und die Briefe des Apostels Paulus, eine Parallele«[72] zum Ausdruck, um es schließlich anhand
des heiklen Themas »Keuschheit« zu spezifizieren:

---

sie dürfen nicht ihren Dienst einstellen. Sie haben auch im Frieden ihre
große Aufgabe. Wir dürfen in dem Eifer für sie und in der Liebe zu ihnen nicht nachlassen. Wir gehen ernsten Tagen entgegen. In ihnen wird
es besonders wertvoll sein, daß wir unsre eigene, unabhängige, kleine
kirchliche Presse haben und in ihr mit unsren Gemeinden über die großen Fragen des Tages und die kleinen Anliegen des Lebens reden können.
Darum bitte ich recht herzlich und dringend, daß nicht bloß die längst
vorhandenen und die im Kriege entstandenen Blätter treulich weiter
geführt werden, sondern daß da, wo man sie noch nicht kennt und hat,
neue Blätter recht bald Eingang finden. Es darf in Zukunft keine Gemeinde in Dorf und Stadt geben, die nicht ihr eigenes evangelisches, kleines,
aber gutes Gemeindeblatt hat. Mag augenblicklich die Begründung neuer Blätter und die Fortführung der alten Blätter schwierig sein, bei festem Willen lassen sich die Schwierigkeiten überwinden. Wir aber wollen,
wenn man uns dazu braucht, gern mithelfen, daß es mit der Gemeindeblattsache vorwärts geht. Unsere Blätter müssen sich nach und nach
auf die Friedenszeit einstellen. Sie wird uns sehr schwierige kirchliche
Fragen zu lösen geben« (NIESE, Heimatglocken im Frieden, 1). S. dazu
auch Fußnote 68.

72 In: Mitteilungen für die Thüringer Heimatglöckner, 3/1917, 1-4.

»Der Glaube betätigt sich aber in Sittlichkeit. Wie Paulus, sollen's auch wir halten; auch unsre Heimatglocken seien ähnlich wie die paulinischen Briefe Nachschlagestellen der christlichen Ethik. Hier sollen und können wir in den Spuren des Apostels wirken. Denn wenn unsre Person auch nicht an seine heranreicht, es muß die Sorge um die Zukunft unserer Gemeinden und unsres Volkes uns die nötige Kraft und den festen Willen geben [...] alles zu tun, was in unsern Kräften steht. Zudem sind ja die Verhältnisse zur Zeit Pauli nicht allzu verschieden von den unsrigen. Denn es wäre bekanntlich sehr verkehrt, die paulinischen Gemeinden so allgemein als Mustergemeinden hinzustellen. [...] Als mildernden Umstand können wir dabei nur das erachten, daß sie eben vorher Heiden waren und der Erziehung, des Aufwachsens in christlicher Luft, wie es eben bei uns Gottlob der Fall ist, entbehrten. Um so eifriger, aber nicht ungeschickt, lasset also auch uns die christliche Ethik in den Heimatglocken treiben und an unserm Teile an der Beseitigung der Wucherungen der christlichen Volksseele beitragen für Keuschheit, Sanftmut, Liebe! Gerade das Eintreten für Keuschheit erfordert großes Geschick. Es wäre jetzt so dringend nötig in der Kriegszeit. Die Lazarette Belgiens, Flanderns, Frankeichs, Wilnas und Serbiens und solche der Heimat liegen voll geschlechtskranker deutscher Krieger, junger und alter. Haben sie sich in den ersten Monaten des Krieges, der allgemeinen Begeisterung, sittlicher und vaterländischer Erhebung und siegreichen Vorbringens gut gehalten, mit der Langeweile des Stellungskampfes, mit der langen Dauer des Entferntseins von der Heimat und der Zudringlichkeit der ausländischen Mädchen haben gute Vorsätze Schaden gelitten. Und dieser Schaden der ›ehrlosen Krankheit‹ wird zumeist erst später voll in Erscheinung treten: in den kranken Frauen und Kindern, in dem Familienelend, in den Selbstmorden solcher, die den Krieg zwar, aber nicht die Krankheit glücklich überstan-

den haben werden. Da gilt es, auch in den Heimatglocken auf
Grund von Tit. 2, 6 mit Ernst und Offenheit über diesen heiklen
Punkt Aussprache zu halten [und auch] in kommender Friedens-
zeit noch manches offene und eindringliche Wort über manche
Erscheinungen unsres Volkslebens, Geburten- und Kinderbe-
schränkung u. dergl. zu sprechen sein.«[73]

Die gemäß derartiger Ausführungen in den Thüringer evangelischen Gemeindeblättern anzustrebende, stark ethisch
akzentuierte religiöse Volkserziehung und -bildung entspricht damit einerseits ganz dem Programm einer beispielsweise von TUSKION ZILLER geforderten »sittlich-religiösen
Charakterbildung«[74], welches u.a. vom Herbartianismus, Pie-
tismus und der »Reich-Gottes-Theologie« ALBRECHT RITSCHLS
beeinflusst war[75] und wiederum stark auf die (weitere) libera-
le Theologie und Religionspädagogik ausstrahlte.[76] Allerdings

---

73 LEISKE, Heimatglocken II, 1.

74 Vgl. TUSKION ZILLER, Grundlegung zur Lehre vom erziehenden Unter-
    richt, Leipzig ²1884, u.a. 18: »Der Lernende soll also durch den erziehenden
    Unterricht zur Sittlichkeit oder zum Glauben als der religiösen Form
    der Sittlichkeit erhoben werden, und hiermit das erwerben, was dem
    menschlichen Dasein und Wirken erst seine Würde verleiht und was ihn
    rechtfertigt vor Gott. Er soll mit einem Worte ein frommer und tugend-
    hafter Mensch werden, und da Frömmigkeit und Tugend bei den Men-
    schen immer charaktermäßig auszubilden ist, [...] so muß alles Wissen
    und Können, das der erziehende Unterricht giebt, zugleich der sittlich-
    religiösen Charakterbildung des Zöglings dienen.«

75 Vgl. CHRISTIAN GRETHLEIN, Religionspädagogik, Berlin/New York
    1998, 60-63.

76 Vgl. a.a.O., 65 (Formatierungen wurden nicht übernommen): »In der
    Nachfolge von Herbart wurde – unter spezifischer Modifizierung seines
    Ansatzes – [maßgeblich von TUSKION ZILLER] das Programm der Erzie-
    hungsschule erarbeitet, die als Ziel die ›sittlich-religiöse Persönlichkeit‹
    hatte. Religion wurde hier ein wichtiger Gegenstand des schulischen

wird nun die bei Ziller und in der liberalen Theologie und Religionspädagogik vorherrschende Fokussierung auf den schulischen Religionsunterricht[77] überschritten und nicht nur die Schule, sondern auch die Gemeinde als Lernort, und entsprechend nicht nur das Kind und der Jugendliche, sondern auch der Erwachsene als zu erziehender und zu bildender Mensch in den Blick genommen – hier freilich unter spezifischen Vorzeichen, so zum Beispiel dem einer »deutschen« (konkretisiert im Sinne einer »reinen« und »gesunden«, s.o.) Männlichkeit. Die »Mitteilungen für die Thüringer Heimatglöckner« beweisen hier einen durchaus »realistischen« Blick auf Erziehungs- und Bildungsprozesse sowie die kirchengemeindlichen Gegebenheiten – der neben der Wahrnehmung heikler Themen wie »Keuschheit« (s.o.) beispielsweise auch wahrnimmt, dass die Gottesdienste nicht immer voll besetzt sind[78] – und ziehen daraus mit Blick auf die angestrebte »sittlich-religiös[e] Charakterbildung«[79] entsprechende Konsequenzen, so zum Beispiel vor dem Hintergrund mangelnder Gottesdienstbesuchszahlen Paul Niese in seiner Notiz »Einige Randbemerkungen zum örtlichen Teil«[80] im Jahr 1918:

> »[I]ch halte es für sehr erwünscht, daß unsere Blätter auch über die gehaltenen Gottesdienste wenigstens da und dort etwas zu sagen wissen. Ein Wort über die Texte, die behandelt werden,

---

Unterrichts, aber zugleich einseitig ethisch akzentuiert. Diese pädagogisch begründete, ethische Grundausrichtung traf sich mit dem Christentumsverständnis der liberalen Theologie und bereitete eine entsprechende Prägung in der Religionspädagogik vor, die teilweise bis heute zu beobachten ist [...].«

77 Vgl. Grethlein, Religionspädagogik, 60-83.
78 Vgl. beispielsweise Leiske, Heimatglocken II, 4.
79 Ziller, Grundlegung, 18.
80 In: Mitteilungen für die Thüringer Heimatglöckner, 1/1918, 4.

über die Hauptgedanken der Predigten bei besonderen Veranlassungen, an den großen Festtagen, am Kirchweih- und Erntefesttag, zum Reformationsfest und am Bußtag usw., etwas
über die Lieder, die gesungen werden, kann nur das Verständnis
unsrer Gemeinden für das gottesdienstliche Leben mehren und
ihr Gedächtnis stärken. Die bloße Angabe des Textes wird in vielen Fällen deshalb keinen besonderen Wert haben, weil doch ein
größerer oder kleinerer Teil der Gemeinde die Stelle nicht in seiner Bibel aufschlagen wird. Es ist so nötig, unsere Gemeinden zu
größerer innerer Teilnahme am kirchlichen Leben zu erziehen.
Benutzen wir dazu nach Möglichkeit unsere Heimatglocken!«[81]

---

81 NIESE, Randbemerkungen, 4. Die derart in den »Mitteilungen für die
Thüringer Heimatglöckner« angestrebte und durch die einzelnen Thürin-
ger evangelischen Gemeindeblätter zu verwirklichende Volkserziehung
und -bildung mit dem Ziel einer »sittlich-religiöse[n] Charakterbildung«
(ZILLER, Grundlegung, 18) auch bereits erwachsener Menschen wurde
dabei auch von sich in gänzlich anderen Kontexten befindenden und der
Kirche eher kritisch gegenüberstehenden Zeitgenossen befürwortet. So
propagiert beispielsweise der Philologe, Philosoph und Freimaurer AU-
GUST HORNEFFER in seiner 1920 erschienenen Publikation »Religiöse
Volksbildung« (Tübingen 1920) eine notwendige umfassende »religiös-
sittliche Vertiefung und Festigung« (HORNEFFER, Volksbildung, 7) des
Volkes: »Groß ist die Not unseres Volkes; größer aber als die materielle
Not ist die sittliche Not. Viel Geld und Gut, viel Kraft und Gesundheit ist
verloren; aber man könnte ruhig der Zeit die Wiedereinbringung dieser
Verluste und die Heilung dieser Schäden überlassen, wenn nicht mit den
äußeren Gütern innere, mit der leiblichen Kraft und Gesundheit geistige
Kraft und seelische Gesundheit verloren gegangen wären. Unser ganzes
Volk ist von einer schweren sittlichen Erkrankung erfasst worden. In allen Schichten, bei den Armen wie bei den Reichen, bei den Jungen wie bei
den Alten, machen sich die Anzeichen dieser Erkrankung bemerkbar. Wie
kann geholfen werden? Mit äußeren Mitteln ist es nicht getan. Durch
politische und wirtschaftliche Umgestaltungen können zwar manche
Hemmungen der persönlichen und gesamten Entwicklung beseitigt
werden; man kann manchen Unglücklichen etwas glücklicher machen

5. Das Ende der Thüringer evangelischen Parochialpublizistik im Zweiten Weltkrieg

Im »Landeskirchenarchiv Eisenach« der »Evangelischen Kirche in Mitteldeutschland« lassen sich immerhin noch 34 Thüringer evangelische Gemeindeblätter für das Jahr 1941 nachweisen, während für das Jahr 1942 keinerlei Blätter mehr vorhanden sind (s. Kapitel 2, Diagramme 2f.). Die Gründe für diesen abrupten Abbruch – langfristig vorbereitet durch eine bereits im Jahr 1933 einsetzende, eine unabhängige evangelische Presse behindernde Pressepolitik der Nationalsozialisten und im Speziellen der Deutschen Christen sowie zugleich durch ein umfassendes Sich-Vereinnahmen-Lassen der evangelischen Presse[82] – dürften dabei weniger in kriegswirtschaftlichen Verhältnissen, als vielmehr in dem am 01.06.1941 in Kraft tretenden, durch die NS-Reichspressekammer verordneten allgemeinen Verbot

---

und manchen Unwürdigen von seinem Platze drängen. Aber eine Besserung der Verhältnisse bewirkt noch keine Besserung des Menschen. Wenn das Volk nicht fähig ist, in einer neuen Gesellschaftsordnung zu leben, so nutzt es wenig, eine solche Gesellschaftsordnung durch Gesetz oder Diktatur einzuführen. Alle alten Übel werden in wenig veränderter Form wiederkehren. Es gibt nur ein wirksames Mittel, das heißt Erziehung, Volkserziehung, die aber nicht in erster Linie Verstandes- und Willensbildung, sondern Gemütsbildung sein muß, nicht die Vermehrung von Kenntnissen, sondern die religiös-sittliche Vertiefung und Festigung zum Ziel haben muss« (a.a.O., 7). HORNEFFER nimmt nun allerdings nicht Gemeindeblätter, sondern vorrangig die Schulen bzw. einen religionsgeschichtlichen, -kundlichen und schließlich auf eine »natürliche Religion« hin abzielenden Religionsunterricht (vgl. a.a.O., 36–45) sowie im Weiteren die Volkshochschulen (vgl. a.a.O., 127) als Akteure dieses Erziehungs- und Bildungsauftrages in den Blick.

82 Vgl. grundlegend MEHNERT, Presse, 235–249.

evangelischer Zeitschriften gesehen werden.[83] Die in diesem Zusammenhang per Auflage der Reichspressekammer in der jeweilig letzten Ausgabe zu druckende, die eigentlichen Hintergründe kaschierende Mitteilung (»Die Kriegswirtschaft erfordert stärkste Konzentration aller Kräfte. Diese Zusammenfassung macht es notwendig, daß unser Blatt mit dem heutigen Tage sein Erscheinen einstellt, um Menschen und Material für andere kriegswichtige Zwecke frei zu machen.«[84]) hat sich beispielsweise im Eisenacher evangelischen Gemeindeblatt»Aus Luthers lieber Stadt« erhalten – allerdings ergänzt um die Hoffnung, dass das Blatt sein Erscheinen wieder wird aufnehmen können:

---

83 Vgl. a.a.O., 246.

84 Zitiert nach ebd. Vgl. auch a.a.O., 245f.: »Den Niedergang der konfessionellen Presse dokumentiert ein geheimes Rundschreiben der NSDAP, das Martin Bormann im Juni 1940 an die Reichsleiter und Gauleiter der Partei versandte und dem aufschlußreiches statistisches Material über Auflagenentwicklung und Papierverbrauch der konfessionellen Presse beigefügt war. Daraus geht zunächst hervor, daß Parteikreise darüber Klage führten, daß die Parteipresse mit Papier mangelhafter beliefert würde als die konfessionelle Presse. Erstaunlicherweise wird diese Klage in dem Rundschreiben als ›unbegründet‹ zurückgewiesen. Die statistischen Angaben, die als Belege dieser Zurückweisung dienen, geben jedoch Aufschluß darüber, daß die konfessionelle Presse bereits so einschneidenden Einschränkungen unterworfen war, daß ihr Anteil am Papierverbrauch nur noch 1 Prozent betrug, woran die evangelische und katholische Presse jeweils zur Hälfte beteiligt war. Der Papierverbrauch war bereits durch Zuteilungsmaßnahmen und ›die zusätzlichen Verfügungen für die konfessionelle Presse‹ weitgehend gedrosselt worden. [...] Es kann [damit] keinem Zweifel unterliegen, daß die wirtschaftlichen Gründe für die Einstellung der evangelischen Presse vorgeschoben waren, denn die oben erwähnte Mitteilung der höchsten Spitze der NSDAP ließ erkennen, daß die evangelische Presse bereits zu einem völlig unbedeutenden wirtschaftlichen Faktor geworden war.«

»Zu unserem Bedauern müssen wir unseren auswärtigen und einheimischen Lesern folgende Mitteilung machen: Die Kriegswirtschaft erfordert stärkste Konzentration aller Kräfte. Diese Zusammenfassung macht es notwendig, daß unser Blatt mit dem heutigen Tage sein Erscheinen einstellt, um Menschen und Material für andere kriegswichtige Zwecke frei zu machen. Ausdrücklich wird betont, daß eine Entscheidung über den Fortbestand unseres Blattes damit nicht ausgesprochen sein soll. Wir hoffen also, daß unser Blatt, nachdem es an seinem Teil den Kriegsnotwendigkeiten Rechnung getragen hat, seinen Dienst an der Gemeinde dann aufs neue aufnehmen kann. Den Lesern, Mitarbeitern und Helferinnen danken wir für alle unserem Blatt erwiesene Treue.«[85]

Damit erlischt eine mehr als vier Jahrzehnte[86] und zwei politische Systemumbrüche überdauernde publizistische Tradition auf dem Gebiet des heutigen Thüringens. Auch nach 1945 kann diese nicht wieder neu aufgenommen werden: Zwar erscheint bereits im Juni 1945 das »Altenburger Evangelische Gemeindeblatt für Stadt und Land«, welches sich explizit als Fortführung des ebenfalls zum 01.06.1941 eingestellten »Evangelischen Gemeindeblattes für Altenburg« versteht (s. das folgende Zitat), sowie im April 1946 ein evangelisches Gemeindeblatt für die beiden Gemeinden Meuselwitz und Mumsdorf, allerdings bleibt es – den Bestandsdaten des »Landeskirchenarchivs Eisenach« folgend – bei diesen beiden,

---

85 SCHRIFTLEITUNG UND VERLAG DES EISENACHER EVANGELISCHEN GEMEINDEBLATTES »AUS LUTHERS LIEBER STADT«, [Abschlussnotiz], in: Aus Luthers lieber Stadt. Eisenacher Evangelisches Gemeindeblatt, 6/1941, 1, 1.

86 S. zum vermutlich ältesten Thüringer evangelischen Gemeindeblatt Fußnote 18.

jeweils nur für ein Jahr fassbaren Ausnahmen.[87] Für das Jahr 1947 sinkt die Zahl der für Thüringen erfassbaren Gemeindeblätter damit auf Null.[88] Die Wünsche, die der Altenburger Pfarrer GOTTLIEB IHME in seinem »Gruß und Segenswunsch dem wieder erscheinenden Gemeindeblatt!«[89] formuliert hat, sind damit nicht in Erfüllung gegangen:

»Im Mai des Jahres 1941 ist die letzte Nummer des Evangelischen Gemeindeblattes für Altenburg erschienen. Vier lange harte Jahre ist es stumm und unsichtbar geblieben. Manch einer hat es vermisst und gefragt, ob und wann es wieder aufleben wird. Nun will es in ernster dunkler Zeit uns wieder grüßen und wir öffnen ihm freudig unser Haus und unser Herz. Viele der früheren Mitarbeiter sind unterdessen in die Ewigkeit abgerufen worden. Andere sind alt und müde geworden. Aber Glaube und Liebe dürfen im Wechsel der Zeit niemals aufhören. Sie müssen weiter leben und wirken. ›Sollt' wo ein Schwacher fallen, da greif' der Stärkre zu‹ Darum nehmen wir nun für unsre Kräfte die Arbeit der Alten in die Hand. Unentbehrliche Mitarbeiter am Gemeindeblatt waren auch die kirchlichen Helfer. Sie haben durch ihre unermüdliche Treue den Bestand und das Wachstum des Gemeindeblatts über 20 Jahre lang getragen und gesichert. Auf ihre Liebe und Treue wird es fernerhin entscheidend ankommen. Auch ihre Reihen sind gelichtet und ihre Kräfte geschwächt. Nun darf der nötige Nachwuchs nicht ausbleiben.«[90]

---

87 Vgl. dazu die bereits in Fußnote 15 genauer vorgestellte, vom »Landeskirchenarchiv Eisenach« der »Evangelischen Kirche in Mitteldeutschland« erstellte Bestandsliste »Gemeindeblätter im Landeskirchenarchiv Eisenach« (Stand: 05.01.2012).

88 Vgl. ebd.

89 In: Altenburger evangelisches Gemeindeblatt für Stadt und Land, 1/1945, 4.

90 IHME, Gruß, 4.

QUELLEN- UND LITERATURVERZEICHNIS

ALBRECHT, BEATE, Evangelische Publizistik und NS-Diktatur 1933 bis 1941. Am Beispiel des Hannoverschen Sonntagsblattes, des Stuttgarter Evangelischen Sonntagsblattes und der Jungen Kirche, Hannover 2002 [elektronische Ressource].

ANONYM, Heimatbrief an unsere lieben Krieger, in: Heimatklänge aus dem Weimarischen Kreise, 1/1917, 2f.

ANONYM, Lieber Leser!, in: Nachrichten aus der evangelischen Kirchengemeinde Oberlind, 1/1931, 1f.

ANONYM, [Notiz], in: Heimatglocken. Evangelisches Gemeindeblatt für die Kirchgemeinden Großfahner – Kleinfahner – Gierstädt, 1/1933, 2.

ANONYM, Was wir wollen!, in: Heimatglocken. Evangelisches Gemeindeblatt für Utenbach und Kösnitz, 1/1913, 1f.

ANONYM, Zur Jahreswende 1917/18, in: Heimatklänge aus dem Weimarischen Kreise, 1/1918, 1.

BÄTHKE, PAUL, Heimatgrüße, in: Heimatgrüße aus Georgenthal im Herzogtum Gotha, 1/1911, 1.

BOHNE, GERHARD, Der evangelische Elternbund, in: Evangelisches Gemeindeblatt für Altenburg, 18/1924, 137f.

ENLENSTEIN, [Vorname unbekannt], Feldpostbrief, in: Heimatklänge aus dem Weimarischen Kreise, 1/1918, 2.

FICK, GUSTAV, Vorbemerkung, in: VERBAND EVANGELISCHER BUCHHÄNDLER (Hrsg.), Verzeichnis der Evangelischen Presse, Hamburg 1908, VIIf.

FÖRTSCH, WALTHER, Die Heimatglocken an alle!, in: Mitteilungen für die Thüringer Heimatglöckner, 2/1918, 4.

FÖRTSCH, WALTHER, Unsere Heimatglocken – kirchliche Blätter, in: Mitteilungen für die Thüringer Heimatglöckner, 2/1917, 1f.

FRICK, CONSTANTIN, Art. Vereinswesen I. Evangelisches, in: RGG² V (1931), 1502–1509.

FRITSCHE, RICHARD, Landeskunde von Thüringen. Ein Leitfaden für die Hand der Schüler des 3. und 4. Schuljahres im Anschluß an das methodische Handbuch, Altenburg ⁴⁻⁶1909.

GRAF, FRIEDRICH WILHELM, Art. Kulturprotestantismus, in: TRE XX (2000), 230–243.

GRAF, FRIEDRICH WILHELM/MÜLLER, HANS MARTIN (Hrsg.), Der deutsche Protestantismus um 1900, Gütersloh 2001.

GRETHLEIN, CHRISTIAN, Religionspädagogik, Berlin/New York 1998.

GRIPP, HELGA, Jürgen Habermas. Und es gibt sie doch – Zur kommunikationstheoretischen Begründung von Vernunft bei Jürgen Habermas, Paderborn/München/Wien/Zürich 1984.

HABERMAS, JÜRGEN, Strukturwandel der Öffentlichkeit, Neuwied 1962.

HERRMANN, RUDOLF, Thüringische Kirchengeschichte II, Weimar 1947.

HESS, ULRICH, Geschichte Thüringens. 1866 bis 1914, Weimar 1991.

HINDERER, AUGUST, Art. Presse VI. Evangelisch-kirchliche Pressearbeit, in: RGG² IV (1930), 1462–1467.

HONECKER, MARTIN, Profile, Krisen, Perspektiven. Zur Lage des Protestantismus, Göttingen 1997.

HORNEFFER, AUGUST, Religiöse Volksbildung, Tübingen 1920.

HORSTER, DETLEV, Diskurs-Ethik. Jürgen Habermas, in: HANS-JOACHIM MARTIN (Hrsg.), Am Ende (–) die Ethik? Begründungs- und Vermittlungsfragen zeitgemäßer Ethik. Mit Beiträgen von Johann S. Ach, Arno Anzenbacher, Detlev Horster, Ekkehard Martens, Richard Toellner u.a., Münster/ Hamburg/London 2002, 84–91.

IHME, GOTTLIEB, Gruß und Segenswunsch dem wieder erscheinenden Gemeindeblatt!, in: Altenburger evangelisches Gemeindeblatt für Stadt und Land, 1/1945, 4.

JENS, WALTER, Nachdenken über Heimat. Fremde und Zuhause im Spiegel deutscher Poesie, in: HORST BIENEK (Hrsg.), Heimat. Neue Entdeckungen eines alten Themas, München/ Wien 1985, 14–26.

Käbisch, David/Wermke, Michael, Einleitung, in: David Käbisch/Michael Wermke (Hrsg.), »Religionspädagogik auf reformatorischer Grundlage«. Die Jenaer Preisschrift des Heinrich Winkler (1930) als Beitrag zu einer Fakultäts- und Disziplingeschichte ›von unten‹, Jena 2010, 9–45.

Käbisch, David/Wermke, Michael, Gerhard Bohne als Religionspädagoge, in: Gerhard Bohne, Religionspädagogik als Kulturkritik. Texte aus der Weimarer Republik. Eingeleitet, herausgegeben und kommentiert von David Käbisch und Michael Wermke, Leipzig 2007, 15–141.

Kessler, Angela, Ein Beitrag zur Geschichte der evangelischen Presse von ihrem Beginn bis zum Jahr 1800 (im deutschen Sprachgebiet), München 1956.

Koch-Hallas, Christine, Die Evangelisch-Lutherische Kirche in Thüringen in der SBZ und Frühzeit der DDR (1945–1961). Eine Untersuchung über Kontinuitäten und Diskontinuitäten einer landeskirchlichen Identität, Leipzig 2009.

Köllein, Hans, Friedensaufgaben der Heimatglocken, in: Mitteilungen für die Thüringer Heimatglöckner, 2/1918, 2f.

Kühne, Wilhelm, Den Heimatglocken zum Geleit, in: Heimatglocken. Evangelisches Gemeindeblatt für Gillersdorf, Friedersdorf und Willmersdorf, 1/1922, 1f.

Kurz, Roland, Nationalprotestantisches Denken in der Weimarer Republik. Voraussetzungen und Ausprägungen des Protestantismus nach dem Ersten Weltkrieg in seiner Begegnung mit Volk und Nation, Gütersloh 2007.

LEISKE, EDUARD, Die Heimatglocken und die Briefe des Apostels Paulus, eine Parallele [Teil I], in: Mitteilungen für die Thüringer Heimatglöckner, 2/1917, 4–6.

LEISKE, EDUARD, Die Heimatglocken und die Briefe des Apostels Paulus, eine Parallele [Teil II], in: Mitteilungen für die Thüringer Heimatglöckner, 3/1917, 1–4.

MEHNERT, GOTTFRIED, Evangelische Presse. Geschichte und Erscheinungsbild von der Reformation bis zur Gegenwart, Bielefeld 1983.

MÜLLER, OSKAR, Zum Evangelischen Gemeindeblatt für die Stadt Gotha gegründet 1898, in: Mitteilungen für die Thüringer Heimatglöckner, 2/1917, 1.

NIESE, PAUL, Der Evangelische Preßverband für Deutschland und die Gemeindeblätter, in: Mitteilungen für die Thüringer Heimatglöckner, 1/1919, 1–3.

NIESE, PAUL, Der Verband der deutschen evangelischen Sonntagspresse, in: Mitteilungen für die Thüringer Heimatglöckner, 1/1918, 2.

NIESE, PAUL, Die evangelischen Geistlichen Weidas seit der Reformation, Weida 1936.

NIESE, PAUL, Die Geschichte der Stadtkirche zu Weida, Weida 1933.

NIESE, PAUL, Die Heimatglocken an alle!, in: Mitteilungen für die Thüringer Heimatglöckner, 4/1918, 1–3.

NIESE, PAUL, Die Heimatglocken im Frieden, in: Mitteilungen für die Thüringer Heimatglöckner, 4/1918, 1.

NIESE, PAUL, Dorfkirchenversammlung, in: Mitteilungen für die Thüringer Heimatglöckner, 3/1918, 4.

NIESE, PAUL, Einige Randbemerkungen zum örtlichen Teil, in: Mitteilungen für die Thüringer Heimatglöckner, 1/1918, 4.

NIESE, PAUL, Einladung nach Erfurt, in: Mitteilungen für die Thüringer Heimatglöckner, 1/1918, 1f.

NIESE, PAUL, Ein Vertrag, in: Mitteilungen für die Thüringer Heimatglöckner, 4/1918, 3.

NIESE, PAUL, Gemeindeblatt und Politik, in: Mitteilungen für die Thüringer Heimatglöckner, 1/1918, 3.

NIESE, PAUL, Ostergruß. Den tapferen Kriegern d. Weimarischen Landes als Heimatgruß d. ev. Landeskirche des Großherzgt. Sachsen, Weida 1916.

NIESE, PAUL, Übersicht über die Thüringer Heimatglocken, in: Mitteilungen für die Thüringer Heimatglöckner, 3/1918, 3.

NIESE, PAUL, Zum Geleit, in: Mitteilungen für die Thüringer Heimatglöckner, 1/1917, 1.

PFARRER DER EVANGELISCHEN GEMEINDE EISENACH, Ein Eisenacher Kirchenblatt, in: Aus Luthers lieber Stadt. Beilage zu »Glaube und Heimat«, 1/1925, 1.

REICHARDT, WILHELM, Zum Geleit, in: Evangelisches Gemeindeblatt für Altenburg, 1/1920, 1f.

SCHRIFTLEITUNG UND VERLAG DES EISENACHER EVANGELISCHEN GEMEINDEBLATTES »AUS LUTHERS LIEBER STADT«, [Abschlussnotiz], in: Aus Luthers lieber Stadt. Eisenacher Evangelisches Gemeindeblatt, 6/1941, 1.

SCHUBRING, WILHELM, Art. Presse III. Evangelische kirchliche Presse, in: RGG¹ IV (1913), 1776–1784.

STICHLING, [Vorname unbekannt], im Auftrag des GROSSHERZOGLICH SÄCHSISCHEN STAATSMINISTERIUMS, DEPARTMENT DES GROSSHERZOGLICHEN HAUSES UND DES KULTUS, Ministerial-Bekanntmachung, das kirchliche Verordnungsblatt betreffend, in: Kirchliches Verordnungsblatt für das Großherzogtum Sachsen-Weimar-Eisenach, 1/1880, 1f.

STOLL, GERHARD E., Die evangelische Zeitschriftenpresse im Jahre 1933, Witten 1963.

THÖLLDEN, JOHANN, Tagung Thüringer Heimatglöckner in Erfurt, in: Mitteilungen für die Thüringer Heimatglöckner, 2/1919, 1f.

THÖLLDEN, JOHANN, Unsere Erfurter Tagung, in: Mitteilungen für die Thüringer Heimatglöckner, 2/1918, 1f.

VERBAND EVANGELISCHER BUCHHÄNDLER (Hrsg.), Verzeichnis der Evangelischen Presse, Hamburg 1908.

Vereinigung Evangelischer Buchhändler (Hrsg.), Handbuch der Evangelischen Presse. Zweite, wesentlich erweiterte Auflage vom »Verzeichnis der Evangelischen Presse«. Bearbeitet von Gerhard Kauffmann unter Mitwirkung von August Hinderer, Leipzig 1929.

von Lüpke, Hans, Art. Dorfkirchenbewegung, in: RGG² I (1927), 1984–1986.

Vorstand des [Thüringer evangelischen] Elternbundes, Was der christliche Elternbund will, in: Evangelisches Gemeindeblatt für Altenburg, 14/1924, 105–107.

Winkler, Heinrich, Das Tal des Rosenwunders, Gerstungen 1931.

Winkler, Heinrich, Die Geister und Götter des Hörselbergs, Eisenach 1928.

Winkler, Heinrich, Die neuerdings (u.a. von Theodor Heckel) erhobene Forderung einer arteigenen Religionspädagogik auf reformatorischer Grundlage soll dargestellt, geschichtlich erläutert und beurteilt werden, in: David Käbisch/Michael Wermke (Hrsg.), »Religionspädagogik auf reformatorischer Grundlage«. Die Jenaer Preisschrift des Heinrich Winkler (1930) als Beitrag zu einer Fakultäts- und Disziplingeschichte ›von unten‹, Jena 2010, 47–99.

Ziller, Tuskion, Grundlegung zur Lehre vom erziehenden Unterricht, Leipzig ²1884.

Anmerkung: Da die »Mitteilungen für die Thüringer Heimatglöckner« innerhalb eines Jahrgangs keine fortlaufende Seitenzählung
aufweisen und insgesamt mit hoher Wahrscheinlichkeit nur drei
Jahrgänge existieren (s. genauer Kapitel 4), wurde bei Literatur-
angaben der Jahrgang weggelassen und vor dem Erscheinungsjahr
(beispielsweise »1918«) die Heftnummer (beispielsweise »4«) angegeben. Die »Mitteilungen für die Thüringer Heimatglöckner, 4/1918«
bezeichnen so das 4. Heft des Jahres 1918. Analog wurde auch bei
allen Thüringer evangelischen Gemeindeblättern verfahren.

I. Texte aus der ersten Ausgabe (15.06.1917)

I.1 Paul Niese: Zum Geleit [Seite 1]

Die Vereinigung der Freunde von Gemeindeblättern in Thüringen tagte zum 5. Male am 7. Mai 1917 in Erfurt und beschloß da die Herausgabe von »Mitteilungen« an ihre Mitglieder. Dies Blatt ist die erste dieser Mitteilungen. Daß sie erwünscht, ja nötig sind, hoffe ich, sollen die Blätter mit der Zeit selbst rechtfertigen. Zu ihrer ersten Einführung seien nur einige Worte gesagt.

Der Kreis der Freunde von Gemeindeblättern in Thüringen hat sich nach und nach zusammengeschlossen. Sein Mittelpunkt sind unsere Erfurter Tagungen. Dort haben sich manche bei jeder Tagung eingefunden. In jedem Jahre kommen neue Mitglieder hinzu. Aber es fehlen uns noch viele. Wir möchten gern alle in Thüringen zusammenfassen, die Gemeindeblätter herausgeben oder wenigstens dafür lebendige Teilnahme haben. Es wird nicht allen möglich sein, immer zu unseren Tagungen zu kommen. Aber sie werden gern etwas über sie hören. Zudem ist es nur erwünscht, daß wir uns nicht bloß einmal im Jahre über die mancherlei Fragen aussprechen, die uns bei unserer Heimatglockenarbeit auftauchen. Ihre Besprechung sollen die Mitteilungen erleichtern und so uns mehr persönlich zusammenführen und unserem Kreise eine größere Geschlossenheit geben.

Wir haben in Thüringen einen Reichtum an Gemeindeblättern, wie wohl kein Landstrich im deutschen Vaterland. Wir haben nicht wie Württemberg in Stuttgart oder Baden in Heidelberg einen Mittepunkt, von dem aus für das ganze Land ein auf den drei ersten Seiten gemeinsames Blatt hergestellt wird. Bei uns gibt es neben einzelnen selbständigen Blättern eine Menge von Gruppenausgaben. Ich sehe darin einen großen Vorzug. Kann doch dadurch, daß auch der Hauptteil auf einen kleineren Bezirk zugeschnitten ist, das Heimatliche ganz anders zur Geltung kommen, als wenn wir für ganz Thüringen nur eine einzige Hauptausgabe hätten. Aber gerade um so mehr können wir auch voneinander lernen, einander ergänzen, fördern. Unser Ziel muß doch sein, daß unsere Blätter innerlich und äußerlich auf der Höhe bleiben, daß sie in Krieg und Frieden wirklich das unseren Gemeinden geben und bringen, wozu wir sie ins Leben riefen, daß sie ein, wenn auch nur bescheidenes Mittel sind, unsere Gemeinden zu wirklich christlich lebendigen Gemeinden zu gestalten.

Wir wollen nicht mit diesen Mitteilungen ein sogenanntes Korrespondenzblatt schaffen. Es sollen nicht in ihnen Artikel erscheinen, die in den Heimatglocken abgedruckt werden können. Wir hoffen aber auch durch die Mitteilungen es besser als bisher einrichten zu können, daß den Herausgebern geeignete Artikel zugehen, die wir zum Nachdruck empfehlen.

Als Inhalt des Blattes wollen wir neben den Berichten über unsere Tagungen Aufsätze über die Geschichte und Entwicklung der Gemeindeblattsache in Thüringen, Besprechung der einzelnen Gemeindeblätter, allerhand Winke und Wünsche für den allgemeinen und örtlichen Teil der Blätter usw. bringen. Es soll das Blatt nicht bloß wertvoll sein für die Schriftleiter des Hauptteiles, sondern ebenso auch für jeden, der an dem örtlichen Teil arbeitet und in irgend einer Weise Mithelfer bei der Gemeindeblattsache ist.

Damit das Blatt reichhaltig und anregend wird, ist die freudige Mitarbeit aller Beteiligten dringend erwünscht. Wir bitten darum recht herzlich.

Das Blatt soll vierteljährlich wenigstens vierseitig am 15. Juni, 15. September, 15. Dezember. usw. erscheinen.

Die Kosten belaufen sich auf jährlich 2 Mk. einschließlich des Mitgliedsbeitrages für die Vereinigung. Diesen Betrag kann gewiß jeder Herausgeber von Heimatglocken aus deren Kasse übernehmen, die diese kleine Mehrausgabe um so leichter tragen kann, als doch die meisten Kassen finanziell gut stehen und den Heimatglocken, wie wir hoffen, das Blatt nur nützen kann.

Wir bitten, das Blatt bei Pfarrer Thöllden in Martinroda bei Ilmenau durch Einzahlung auf dessen Postscheckkonto (Leipzig Nr. 21491) bestellen zu wollen. Sehr lieb wäre es uns, wenn bei den Gruppenausgaben gleich der Hauptschriftleiter für alle ihm angeschlossenen Pfarrämter bestellen und es dann mit diesen besonders verrechnen würde. Die Gothaer haben dies wenigstens gleich in Erfurt in vorbildlicher Weise getan.

Die Versendung des Blattes geschieht an jeden Besteller durch mich. Ich bitte daher bei unpünktlicher Zustellung sich an mich zu wenden.

Wir bitten das Unternehmen noch nicht nach dieser einzigen Nummer beurteilen zu wollen. Wir geben aber die Versicherung, daß wir gern alles tun wollen, das Blatt zu einer willkommenen Handreichung für alle Schriftleiter nach und nach auszugestalten. Vor Jahren ist unter dem Titel »Die kleinste Presse« ein ähnliches Blatt, wie wir es jetzt planen, für ganz Deutschland erschienen. Es ist aber nach kurzem Bestehen wieder eingegangen. Vielleicht entwickelt sich ein solches wieder aus unserem Blättchen. Zunächst aber wollen

wir unseren lieben Thüringern dienen und werden dankbar
und froh sein, wenn alle Amtsbrüder unsern Dienst freudig
annehmen und selbst tüchtig bei ihm mithelfen!

Es wird unsern Blättern ebenso nach ihrer materiel-
len, wie noch vielmehr nach ihrer idealen Seite nur zugute
kommen, wenn wirklich alle Herausgeber und Freunde von
Gemeindeblättern in Thüringen sich recht innig zusammen-
schließen und unsere Jahresversammlungen und diese Mitteilungen ein brauchbares Organ dafür werden. Jedenfalls
bitten wir jeden Thüringer Heimatglöckner, den Versuch zu
wagen und die Mitteilungen für sich zu bestellen und nach
jeder Richtung zu fördern.

I.2 Johann Thöllden: Die Heimatglocken als Dienst der Heimatgemeinde an der Feldgemeinde [Seite 2f.]

»Dafür halte uns jedermann für Christi Diener und Haushalter über Gottes Geheimnisse.« Diese Lebenslosung des großen
Apostels gibt auch unserer Arbeit, gerade wie wir sie in den
»Heimatglocken« tun, ihr gutes Recht und ihre Bedeutung!
Dienen wollen wir in ihr mit der Gabe, die wie empfangen
haben, unseren Gemeinden, jetzt aber besonders denen allen,
die unserm persönlichen Dienen so lange und so weit entzo-
gen sind, unsern Feldgrauen. Für uns und unsere Arbeit ist es
aber im Besonderen die innere Not, unter der sie leiden, die
uns auf den Plan ruft. Sie kommt für uns Pfarrer der Heimat
in Frage vor allem als Not der Heimatferne.

Diese Not offenbart sich, je nach der Veranlagung der
Menschen, nach zwei verschieden Seiten hin. Bei den einen
bleibt etwas leer im Herzen, das auch die beste Kamerad-
schaft nicht ausfüllen kann. Die Menschen fehlen, die so ver-

wachsen sind mit dem eigenen Fühlen und Denken, daß sie uns ganz verstehen könnten, die Menschen vor allem, die so ganz zu uns gehören, daß sie ganz unvoreingenommen und ganz selbstlos unsere Freuden miterleben und unsere Leiden mittragen könnten: Vater, Mutter, Frau und Kinder. Daraus kommen über so viele Stunden quälender Vereinsamung, die bei tiefer angelegten Gemütern zur Gottverlassenheit führen, bei anderen zu einer großen Hilflosigkeit gegenüber allem Ärger und Verdruß, wie sie im Dienste nirgends ausbleiben: Der innere Ausgleich fehlt, den das Herz sonst in der Heimat gefunden hatte.

Gewiß können die Briefe, die aus der Heimat kommen, helfen in dieser Not. Aber zu oft bringen sie nur eine Verschärfung all dieser bitteren Empfindungen. Man hatte in den eigenen Briefen sich das Herz so recht erleichtert und hofft nun auf Hilfe, aber die Antwort ist so oft nur Betonen der eigenen Not. Man wills doch zeigen, daß man's auch nicht leicht hat und bürdet nun alle Arbeits- und Familiensorgen dem Fernen mit auf. So bleibt als Endergebnis aller Briefschreiberei nur verstärktes Sorgen und Sehnen daheim und draußen. Da gilts denen draußen die Heimat zu bringen, wie sie voll und ganz mit ihnen fühlt und denkt, wie sie aber auch an ihrem Teil zu tragen hat und tapfer trägt, da gilts beiden Teilen hinzuhelfen zu dem einen: »Ringet danach, daß ihr stille seid und das Eure schafft!« Der Wille dazu aber kann nur geweckt werden durch den Hinweis auf den einen Gott, der über allen waltet, und in dem die Getrennten ihre gemeinsame Heimat haben.

Die Trennung von der Heimat bringt für viele aber noch eine andere, bedenklichere Gefahr mit sich, sie nimmt ihnen den Halt, den Heimat und Familie sonst für das Herz bedeuteten. Das Leben im Felde kann verhärten und verrohen, kann das sittliche Urteil trüben. In der Ferne lastet das Gefühl der Verantwortlichkeit für Weib und Kind nicht mehr so stark auf dem Gewissen, wie in unmittelbarer Nähe. Leichtlebigere Naturen empfinden die Trennung darum bald als eine gewisse Erleichterung; ein wenig Abenteuerlust, ein wenig Wohlgefallen am Neuen, ein wenig Überhebung im Bewußtsein des Geleisteten kommen hinzu und zeitigen besonders dort, wo Lebensgefahr und Entbehrungen einmal zurücktreten, eine innere Loslösung von der Heimat, die für jetzt und für später recht bedenklich wirken muß.

Aus diesen Erfahrungen heraus erwächst uns neben der ersten Ausgabe, dem Feldgrauen die Heimat zu erhalten, die andere, dem Feldgrauen der Heimat zu erhalten. Es gilt hier die Heimat, die deutsche Heimat zu zeigen in ihrem unersetzbaren Werte und die Sehnsucht nach ihr immer neu zu wecken in ihrer erhaltenden und erhebenden Kraft! Über der Erdenheimat aber muß auch hier die ewige Heimat aufleuchten, aus deren Boden kein Menschenherz losgewurzelt werden kann, ohne sich selbst aufzugeben, ohne Freudigkeit und Frieden zu verlieren in der Fremde dieses Lebens.

Aus dieser doppelten Aufgabe ergeben sich die Richtlinien für die Arbeit des Heimatglöckners. Dreierlei ist von ihr zu berücksichtigen: sie muß durchaus persönlichen Charakter tragen, muß auf die Heimat abgestimmt sein und auf die Ewigkeit abzielen. Die Anforderungen, die damit an sie gestellt sind, geben gerade dem Pfarrer, als dem Seelsorger der Heimatgemeinde, die unausweichbare Pflicht, aber auch das unentreißbare Recht, diese Arbeit zu machen.

Der persönliche Charakter des Blattes wird naturgemäß am stärksten zum Ausdruck kommen in dem Teil auf der letzten Seite. Die Form des Briefes, die hier fast durchgehends bevorzugt wird und unbedingt zu empfehlen ist, nimmt dem

Blatte von vorn herein den Charakter eines bloßen Nachrichtentenblattes und sichert ihm seinen Platz neben den verschieden heimatlichen Tagesblättern, aber auch neben all den religiösen Flugblättern, die ihren Weg hinausfinden in den Schützengraben. Hier fühlt der Mann draußen das Herz der Heimat schlagen. Die kleinen Geschehnisse in der Gemeinde werden aus der Sphäre des Alltäglichen emporgehoben und gewinnen persönlichen und religiösen Wert, sie sprechen zum Herzen. Und wie ganz anders wirken Freude und Leid, die beide nicht verleugnet werden dürfen, wenn sie von einem starken, vertrauenden Herzen, als wenn sie unter kleinlichem, mutlosen Klagen mitgeteilt werden! Alles, auch das an sich Bedeutungslose und Nebensächliche kann so seinen Wert gewinnen. Das Blatt wird, recht geschrieben, zu einem Besuch des Pfarrers bei seinen Gemeindegliedern im Felde, aber auch für die Heimatgemeinde werden viele Dinge in einem ganz anderen Lichte erscheinen. Der persönliche Briefverkehr des Pfarrers mit den Seinen ist damit nirgends überflüssig gemacht, aber überall in gesegneter Weise angebahnt worden.

Im allgemeinen Teil fordert die Heimat im weiteren Sinne ihr Recht, und das Recht muß ihr werden in Allem und Jedem, was hier gedruckt wird; zu allem Anderen ist der knapp bemessene Raum zu schade. Alles, was nicht Heimatcharakter trägt, mag es noch so wertvoll sein, hat hier sein Daseinsrecht verwirkt. Die Heimatgeschichte bietet jedem, der nur sieht, überreich Stoff. Wie reich fließen jetzt schon die Quellen, die durch die Beschlagnahme der Prospektpfeifen und Glocken angeschlagen sind. Wie auch Luther so ganz anders zum Herzen spricht, wenn er ins Heimatliche gerückt wird, haben wir schon empfunden. Aber auch ungezählte Gegenwartsfragen fordern eine Besprechung, Fragen, die wohl im engsten Kreise

der eigenen Gemeinde einsetzen, dann aber herausführen ins
große Ganze. Hier bietet sich dann willkommene Gelegenheit,
den engen Blick und das einseitige Urteil zu weiten und den
Heimatsinn ausreifen zu lassen zum rechten Vaterlandssinn!

Das unbedingt wichtigste Ziel unseres Blattes wird freilich immer das religiöse bleiben müssen, die Erdenheimat
wird ihren Wert nur behalten als Vorhof der ewigen Heimat.
Wir dürfen darin auch nicht zu vorsichtig und nicht zu fein-
fühlend sein wollen! Der Hunger nach Ewigem ist, trotz aller
Ablehnung, die wir vielleicht da und dort erfahren, doch viel
stärker, als die Menschen selbst es wissen oder zugeben. Es
tut auch den Gleichgültigen und Ablehnenden doch wohl,
wenn sie ein Herz finden, das erfüllt ist von starker Freudigkeit zu Gott, und sie suchen den Pulsschlag dieses Herzens
in dem, was wir ihnen schreiben! Nur in dem einen sind die
meisten sehr empfindlich, sie wollen nicht geworben werden
für die Kirche oder kirchliche Zwecke, sie suchen im Pfarrer
den Mann, der nur arbeitet um der Sache, um Gottes willen!
Nicht zu kirchlich, auch nicht [3] zu vaterländisch soll darum
die Andacht sein, die jede Nummer einleiten muß. Schlichte,
gute Worte, in denen das Herz einmal Stille werden kann in
seinem Gott, ein wenig Frieden der ewigen Heimat, das ists,
was der Mensch braucht, der jahrelang hin und her getrieben
wird von dem härtesten Unfrieden der Welt! Wer das geben
kann als ein rechter Haushalter über Gottes Geheimnisse, der
ist der rechte Heimatglöckner!

Unsere Arbeit hat diese Wege gesucht, erst im Frieden
und immer zielbewußter jetzt im Krieg, und ein Heer von
Feldgrauen hat sie uns mit aufrichtigem Danke gelohnt! Gott
helfe uns durch Erfahrenes und Erlebtes, daß wir sie immer
sicherer und freudiger gehen lernen, Gott zur Ehre und unseren Gemeinden zum Segen!

I.3 Paul Niese: Unsere Erfurter Tagung [Seite 4]

[Unsere Erfurter Tagung] am 7. Mai hatte nach der Anwesenheitsliste 38 Besucher und Besucherinnen, da aber verschiedene sich in die Liste nicht eingetragen hatten, so war die Zahl der Teilnehmer in Wirklichkeit eine größere. Jedenfalls war es sehr erfreulich, daß trotz der Kriegszeit sich auch diesmal so viele einfanden. Nach einem kurzen Begrüßungswort sprach Pfarrer Thöllden über »die Heimatglocken im Dienst der Heimatgemeinde an die Feldgemeinde.« Seine trefflichen und beherzigenswerten Ausführungen, in denen die von ihm als Feldprediger gesammelten Erfahrungen wiederklangen, sind oben in ihren Hauptgedanken wiedergegeben. Es schlossen sich die Berichte über den Stand der Heimatglocken in den einzelnen Thüringer Staaten an, und zwar berichteten Pfarrer Schubert-Streusdorf für Meiningen, wo 25750 Stück, Pfarrer Köllein-Warza für Gotha, wo 20000, Pfarrer Greiner-Sonnefeld für Coburg, wo 14400, Pfarrer Hüttenrauch-Klosterlausnitz für Altenburg, wo 4100, Pfarrer Möller-Eichfeld für beide Schwarzburg, wo 11000 monatlich erscheinen, während sich für Weimar etwa 70073 Stück monatlich ergeben. Für ganz Thüringen dürfte sich die Auflage der Gemeindeblätter demnach auf 145153 Exemplare monatlich belaufen. Eine genaue Statistik ist bei der Verschiedenartigkeit der Blätter und weil auch einige Unterlagen fehlen, noch nicht möglich. Wir hoffen sie aber durch unsre Mitteilungen nach und nach zu erreichen. Gegenüber dem Vorjahr ist eine kleine Zunahme eingetreten, da wir im vorigen Jahre etwa 140000 Exemplare zählten. Die größte Vermehrung hat der Krieg gebracht. Denn vor ihm erschienen wohl kaum mehr als 40–50000. Nach den Berichten wurde die Herausgabe der »Mitteilungen« beschlossen und die dadurch bedingte Erhö-

hung des Mitgliedsbeitrages auf 2 Mk. Ein Vortrag von Pfarrer Humbert-Remstädt über die Gothaer Heimatglocken-
Hauptkasse mußte leider zurückgestellt werden. Er ist oben
in Kürze wiedergegeben. Es verdient volle Beachtung, wie
man in Gotha die Hauptkasse ausgebaut hat. Allerdings erfordert eine solche Kassenführung besonderes Geschick und
viele Mühe. Es gehört dazu ein besonderer Kassenführer mit
gutem Finanztalent. Sonst wird wohl die Hauptkasse entweder vom Drucker oder vom Hauptschriftleiter in einfacher
Form besorgt.

Wir mußten uns in Erfurt bei unseren Verhandlungen
auf zwei Stunden beschränken, weil wir in Verbindung mit
den evangelischen Pressearbeitern Thüringens tagten. Das
ist eine verwandte Vereinigung, mit der wir gern nach dem
Vorbild in der Provinz Sachsen in Fühlung kommen möchten. Allerdings wollen wir dafür sorgen, daß in Zukunft für
unsere eigentliche Tagung reichlichere Zeit als diesmal zur
Verfügung steht. Aber was nach dem Eingangswort von Sup.
Förtsch-Ostheim Archidiakonus Kirchner-Saalfeld über »Ziele und Wege evangelischer Pressearbeit in Thüringen« aus-
führte, war fesselnd, lehrreich und anregend und ging doch
auch uns Heimatglöckner mit an. Jedenfalls haben uns die
so schön verlaufenen Verhandlungen von neuem in unserer
Treue und Liebe zur Pressearbeit im Kleinen und Großen ge-
stärkt.

II. Texte aus der zweiten Ausgabe (15.09.1917)

II.1 OSKAR MÜLLER: ZUM EVANGELISCHEN GEMEINDEBLATT FÜR DIE STADT GOTHA GEGRÜNDET 1898 [SEITE 1]

Es war im Beginn des Jahres 1898, als ich einen Gedanken zur Ausführung bringen konnte, der mich seit längerer Zeit beschäftigt hatte. Ein für die Ortsgemeinde bestimmtes Blatt schien mir zur Hebung und Pflege des Gemeindelebens ein wesentliches Bedürfnis. Ich trat mit dem Gedanken an meine Amtsbrüder in der Stadt Gotha heran. Ich fand wenig Zutrauen zur Ausführbarkeit, aber ich habe mich dadurch nicht abschrecken lassen. Um den Plan nicht fallen zu lassen, übernahm ich Arbeit und Verantwortung, in gutem Vertrauen auch das Risiko der finanziellen Ausrüstung. Das Werk hat mein Vertrauen nicht getäuscht.

Die leitenden Gesichtspunkte waren für mich: Das Blatt muß sein Ziel und seine Aufgaben in der Lokalgemeinde haben, aus ihrem Leben hervorgehen, ihrem Leben dienen. Es soll keinem der allgemeinen kirchlichen Erbauungs- oder Gemeindeblätter in den Weg treten, keinem der in der Gemeinde eingeführten die Leserzahl stören. Neben ihnen soll es seinen Raum dem öffnen, was die eigene Gemeinde in ihrem besonderen Leben angeht, was darum in jenen allgemeinen Blättern nur wenig oder gar nicht Berücksichtigung finden kann. Darum soll es auch kein erbauliches Blatt sein, wenn auch das »Erbauliche« einem kirchlichen Blatt nicht ganz und gar fehlen kann. Der Umfang gering, das Erscheinen nicht zu oft, die Ausstattung schlicht, der Preis darum gering. Mit dem so gedachten Plan ging ich ans Werk, und das Werk ging seinen Weg und der Lauf, den es in kürzester Zeit nahm, widerlegte alle Bedenken, rechtfertigte meine Überzeugung vom Bedürfnis, von entgegenkommender Aufnahme in der Gemeinde, von der finanziellen Haltbarkeit aus eigener Kraft. Am 6. Januar 1898 erschien die erste Nummer. Ein poetischer Neujahrsgruß aus dem Jahrbuch religiöser Poesie (von Ohly herausgegeben), eine kurze Darlegung über Absicht und Weise des Blattes, ein kirchenstatischer Rückblick auf das verflossene Jahr, der Anfang einer Mitteilung über Entstehung der evangelischen Gemeindeordnung, Schriftenempfehlung und Predigerliste war ihr Inhalt. Die unentgeltlich ausgesandte Probenummer begründete einen Leserkreis von über 1000 bei einer Lesegebühr von 25 Pfg. für das Vierteljahr, freier Lieferung in das Haus und 14tägigen Erscheinen. Die Aufnahme von Geschäftsanzeigen blieb ausgeschlossen.

Das Blatt hat seinen Platz behauptet. Abmeldungen aus dem Leserkreis sind selten, kaum nennenswert vorgekommen. Tod, Wegzug, Störungen in der Zustellung durch nicht gemeldeten Wohnungswechsel haben die Leserzahl im Lauf der Jahre vermindert, der Kassenüberschuß der ersten Jahre hat den nachfolgenden Hilfe geleistet. Propaganda zur Gewinnung neuer Leser ist nicht getrieben. Als Herausgeber waren die Stadtgeistlichen Gothas genannt. Bis zu meinem Rücktritt vom Stadtpfarramt habe ich 17 Jahre lang die Schriftleitung in den Händen gehabt. Es hat mir bei geringer Mitarbeit anderer Kräfte manche Mühe, aber stets Freude bereitet. An Stoff, den Raum von vier zweispaltigen Oktavseiten zu füllen, hat es nie gefehlt. Das Blatt hat seitdem unter anderer Leitung eine Formveränderung und Erweiterung erfahren. Um der besonderen Verhältnisse der Stadtgemeinde willen ist es der inzwischen in so herzergebender Weise ins Leben getretenen »Heimatglocken«-Unternehmung im Gothaer Lande nicht angeschlossen, sondern erscheint nach wie vor als selbständiges Blatt.

Daß jener erste Versuch eines eng heimatlichen Gemeindeblattes in der hocherfreulichen Entwicklung, die die Gemeindeblattsache in neuerer Zeit genommen hat, eine Rechtfertigung im weiteren Sinne erfahren hat, darf einen Rückblick, zu dem ich freundliche Aufforderung erhielt, gestatten.

II.2 WALTHER FÖRTSCH: UNSERE HEIMATGLOCKEN – KIRCHLICHE BLÄTTER [SEITE 1F.]

Man soll nie aus seinem Herzen eine Mördergrube machen, vielmehr frei heraus reden, was man auf dem Herzen hat, sonst gibts ein böses Gewissen! Weil ich mich danach nicht gerichtet und in Erfurt (um die Zeit nicht für unsere Preßversammlung zu kürzen) geschwiegen habe, so muß ich mir nun ein paar Minuten von meinem kostbaren Urlaub kürzen, um schriftlich zu sagen, was ich sagen wollte, denn heraus muß es!

Also: Freund Thöllden tat in seinem sonst trefflichen Vortrage, der nun in Nr. 1 im Auszuge gedruckt ist, die Äußerung: »Nur in dem einen sind die meisten sehr empfindlich, sie wollen nicht geworben werden für die Kirche und kirchliche Zwecke ... Nicht zu kirchlich, auch nicht zu vaterländisch soll darum die Andacht sein ...« ohne daß ihm jemand widersprach. Das soll nun geschehen. Zwar in bezug auf die Andacht will ich mir das Wort gefallen lassen. Hoffentlich aber soll es nicht heißen, daß wir jenem angeblichen Wunsche der Feldgrauen oder der Gemeindeglieder (der übrigens nach meiner Erfahrung durchaus nicht allgemein sein dürfte), nicht geworben werden zu wollen für die Kirche und kirchliche Arbeit, nachgeben sollten! Meiner Meinung nach ist die Heimatglockenarbeit eine durchaus kirchliche Arbeit.

Nicht nur, daß die Pfarrer als Diener der Kirche die Heimatglocken schreiben, sie wollen der Gemeinde dienen, die im
Sinne Luthers eben »die Kirche« ist. – Aber auch ganz [2] speziell: die Heimatglocken sollen und wollen der Einzelkirche,
der Heimatkirche nützen, für die Kirche werben, zur Kirche
auch als Haus zurückführen und die Liebe zu ihr wecken und
erhalten. Die draußen ebenso wie die in der Heimat sollen
merken: Es ist die Kirche, die Euch das sendet, die Heimatkirche, die durch diese Glockenklänge zu Euch redet. Wenn jetzt
die Glocken von den Türmen genommen werden, da merkt
man daheim erst, was man an ihnen und auch an der Kirche
hatte. Auch dem Unkirchlichen ist es schrecklich. Und wenn
man so fern der Heimat ist, sehnt sich nach dem Klang der
Heimatglocken wiederum auch der Unkirchliche. Das klingt
immer wieder aus den Briefen der Unsern uns entgegen: »In
der Kirche ist man überall heimisch«, aber auch: »So schön,
wie die Glocken unserer Kirche läuten doch keine!«

So wollen wir bewußt Glocken läuten lassen! Deshalb
war mir's völlig unverständlich, wie man in Thüringen die
Gemeindeblätter: »Heimatgrüße« nennen konnte, statt »Heimatglocken«. »Heimatglocken, das ist zu kirchlich, das wollen
sie nicht hören.« Erstlich: jetzt wollten die Krieger wenigstens
sehr wohl Glocken läuten hören. Dann aber: »Wenn sie nicht
wollen, so sollen sie's eben hören!« Mütter und Ehefrauen
senden Grüße ins Feld, wir Pfarrer haben den Glockenstrang
zu ziehen, daß sie merken: »Die Kirche tut diese Arbeit, die
Kirche sendet Euch das, was Euch so viele Freude macht[«],
und daß auch die Gemeindeglieder daheim erkennen: Die
Kirche tut etwas. Das soll meine Liebe zur Kirche wecken.

Natürlich tut's nicht der Name allein, sonders es kommt
auf den Inhalt an. Und auch da sage ich: der muß eben kirchlich sein. Niemand wird gerade mich im Verdacht haben, daß

ich ein starrer »Kirchenmann« sei. Aber das sage ich offen: Die Heimatglocken haben ihren Zweck völlig verfehlt, die bloß berichten, was in der Heimat geschieht, wer geboren oder gestorben ist u. dgl. (wenngleich das natürlich mit hinein gehört und die Unsern immer wieder schreiben: »Man hört doch immer so gern etwas aus der Heimat«). Wir wollen doch aber um Gottes Willen nicht bloß ein Nachrichtenblatt herausgeben, sondern wir sollen erziehend wirken. Ich muß offen gestehen: Als ich die Austauschexemplare erhielt, bin ich erschrocken über die Dürftigkeit und Armseligkeit (man verzeihe das harte Wort) des örtlichen Inhalts sehr vieler. Aus der Heimat: Geburten, Todesfälle, Gedächtnisgottesdienste, etwas über das Wetter und die Nahrungsmittel, aus dem Feld: Eiserne Kreuze, Gefallene, Verwundete, Urlauber – sonst fast nichts! (Eine Gesamtausgabe geht so weit, daß sie fast jede Feldpostkarte sorgfältig registriert. »Karl Müller geht es noch gut«, »Friedrich Schule hofft bald in Urlaub zu kommen usw.«) Gewiß werden die Namen gern gelesen – aber ist denn das der Zweck der Heimatglocken? Nein! Doch gewiß nicht.

Freund Thöllden war so freundlich, anerkennend zu erwähnen, daß ich zuweilen nach den Festtagen kurz den Inhalt der Predigten angegeben, um so gewissermaßen die Fernen an den Gottesdiensten in der Heimat teilnehmen zu lassen und die Gemeindeglieder durch das gedruckte Wort an das gesprochene zu erinnern, das sonst leicht verhallt, auch denen, die nicht da waren, eine gedruckte Predigt zu halten. Aber das ist's lange nicht allein, wodurch wir lehrend, mahnend, tröstend wirken wollen. M.E. kann man in den Heimatglocken noch weit mehr predigen, und wenn's auch nicht in predigtartigem Tone zu geschehen braucht. Ich will nur einige Themen kurz nennen: »Keine Jammerbriefe!« »Haltet Eure Jungen zur Jugendwehr an!« »Achtet auf die Jugend, daß

sie sich abends nicht unnütz macht!« »Kommt in die Kriegsbetstunde!« »Zufriedenheit und Dankbarkeit!« (Wie gut haben wir's gegenüber denen draußen! Und gegenüber der Zeit
des 30jährigen Krieges. Ich denke an den vortrefflichen Artikel von Schreckenbach: »Einst und heute.«) Oder sollen nicht
auch religiöse Fragen, die alle bewegen, besprochen werden?
Der frömmste Mann ist gefallen. »Was hat ihm nun sein Beten genützt?« Man sucht's zu zeigen, wie seine Frömmigkeit
ihn treu, fröhlich, selig machte. Ist das nichts? Auch eine di-
rekte Mahnung zu kirchlicher Betätigung, zu reichlicherem
Geben, schadet gar nichts. Briefe unserer Feldgrauen, die von
ihrer (vielleicht erst draußen erwachten) Liebe zur Kirche reden, sind mitzuteilen, natürlich ohne Namensnennung! (Ich
lese sie auch in der Kriegsbetstunde vor.) Es wäre noch viel
mehr zu sagen. Doch sei's genug! – Kurzum: in dem Jubeljah-
re unsrer evangelischen Kirche sollen und wollen wir bewußt,
wo und wie wir nur können, für unsre Kirche werben. Wenn
sich unsre evangelischen Preßverbände bemühen, durch das
gedruckte Wort auch in der Presse, der Tagespresse, die Interessen der Kirche wahrzunehmen, sollten wir Pfarrer uns die
Gelegenheit entgehen lassen, dies zu tun in den Blättern, die
wir selbst schreiben und herausgeben, und die in allen Häusern unserer Gemeinden und von allen Gemeindegliedern
gelesen werden, oder doch gelesen werden sollten?

Dies Letztere ist natürlich dringend zu wünschen. Die
Heimatglocken müssen in alle Häuser und an alle Krieger
gesandt werden. Geld spielt jetzt keine Rolle. Seit es Papier
geworden, gibt's genug, auch für diese »papierne« Arbeit, genug auch, daß man sich hinreichend Raum für solche aus-
führlicheren Darlegungen nehmen kann. Ich lasse 1100 Stück
Heimatglocken drucken, davon tragen die Kinder ca. 300 in
die Häuser, 460 gehen ins Feld, die andern an auswärtige Ost-

heimer und Freunde. Bestimmtes Vierteljahre-Lesegeld gibt es nicht. Die Kinder bekommen Listen mit, in die allmonatlich die Gaben der Familien eingetragen werden; und ich bin noch stets gut ausgekommen.

Summa: Laßt uns die Heimatglocken als Kirchenglocken läuten.

Heimatglockenarbeit ist und sei bewußt kirchliche Arbeit, von der Kirche und für die Kirche getan. Und der Herr der Kirche segne sie zum Heil der Heimat in der Kirche!

II.3 Johann Thöllden: Die Heimatglocken kirchlich oder –?
[Seite 2f.]

Ja, es gibt auch für mich in dieser Frage gar kein »Oder!« Die Heimatglocken können nur kirchlich sein, das sagt ja schon ihr Name, denn die »Heimatgrüße« lehne ich mit Förtsch, wie ich's schon immer getan habe, offen ab. Kirchenglocken müssen in unsern Blättern klingen von Anfang bis zu Ende, und der Pfarrer kann sie nur läuten! In allem, was sie bringen, kirchliches oder außerkirchliches, muß der Pfarrer reden und durch ihn der Geist »nicht der Furcht, sondern der Kraft und der Liebe und der Zucht!«. Die Feldgemeinde soll ganz gewiß fühlen, daß die Kirche auf dem Platze ist und ihre Pflicht an ihr zu erfüllen sucht! Darum war's für mich persönlich auch wie eine Gewissensbefreiung, als ich im Felde die Uniform mit dem Dienstrock des Feldgeistlichen vertauschen durfte und nicht nur als Kamerad und Freund, sondern als Pfarrer zu meinen Kameraden reden konnte, und darum war's für mich mit der beste Lohn für meine Arbeit draußen, als ein bayrischer Major, ein aus der katholischen Kirche ausgetretener Mann, mir gestand: »Ich bin ja ins Feld ausgerückt mit der Überzeugung, daß der Feldgeistliche eine überflüssige

Einrichtung sei, aber nun sehe ich doch, daß da Arbeit ist, die getan werden muß, und die auch von keinem anderen getan werden kann!« | [3]

Wir wollen und dürfen ganz gewiß, wo wir auch arbeiten, im Lazarett oder im Hause, im Felde oder in den Heimatglocken unsere Arbeit nur tun als Pfarrer, im Auftrage der evangelischen Kirche – aber nicht für die Kirche, sondern für das Reich Gottes, im klaren Unterschied zur katholischen Kirche. Sie kann Selbstzweck ihrer Arbeit sein, sie will ja das Reich Gottes auf Erden sein. Wir aber können uns nur als Haushalter seines Reichtums auf Erden fühlen! So meinte ich die Worte: »nicht zu kirchlich« und ich dachte dabei im Stillen an zwei Erlebnisse. Mein Freund, Assistenzarzt Dr. T., ein guter, treuer Katholik, war wieder einmal in seinem Gottesdienst gewesen und hatte seinen Pfarrer, einen tüchtigen Prediger, gehört. Ich rede ihn darauf an und die Antwort: »Ja, der Pater hat's gut gemacht, aber zuletzt kam's doch wieder: »Kommt zurück in den Schoß der Kirche!« Ich kann dies Reden pro domo nicht vertragen. Da höre ich Dir lieber zu!« Und das andere Erlebnis. Mein Freund hatte einem seiner Gemeindeglieder, das der Krieg von seiner Gottesfeindschaft geheilt hatte, ins Feld hinaus geschrieben: »...nun werden Sie auch anders über die Kirche denken und wieder öfters zum Gottesdienst kommen...!« Ich habe die Worte nicht mehr genau im Gedächtnis; es mag vielleicht ein wenig Triumphgefühl in ihnen gelegen haben! Die Antwort kam durch einen der Kirche sehr wohlgesinnten Kameraden: »Herr Pfarrer, Ihr Brief an N.N. hat nicht gut getan, schreiben Sie lieber nicht wieder in der Weise!« Darum meine ich »nicht zu kirchlich!« Wir wollen tun, was wir tun, als Pfarrer und als Kirche – aber wir wollen auch den Schein vermeiden, als wollten wir die Not der Herzen ausnützen für die äußere Organisation der Kirche! Wir wollen arbeiten nur als Haushalter unseres Gottes! Das ist's aber, was ich auch aus den Worten meines verehrten Freundes Förtsch heraushöre, und in diesem Sinne reiche ich ihm dankbar die Hand!

II.4 Paul Niese: Heimatgrüsse an Kriegsgefangene [Seite 3f.]

Wir hatten die Absicht, von Weida aus einen Gruß an unsre Kriegsgefangenen drucken und ausgehen zu lassen und anzuregen, vielleicht einen solchen von und für Thüringen zu schaffen. Wir wandten uns zunächst an die evangelische Kriegsgefangenenhilfe in Berlin, um uns über die Bestimmungen zu unterrichten, die zu beachten wären. Diese hat uns durch die mir gut bekannte Evangelische Blätter-Vereinigung für Soldaten und kriegsgefangene Deutsche im feindlichen Ausland aus Bad Nassau (Lahn) einen eingehenden Bescheid geschickt. Da dieser gewiß auch für andere von Wert ist, die sich mit dergleichen Fragen beschäftigen, sei aus ihm folgendes mitgeteilt:

»Gewiß, der ideale Zustand wäre, wenn jedes Pfarramt seine Blätter direkt an die Gefangenen senden könnte. Aber die Erfahrung lehrt, daß es außer nach einigen Lagern in England unmöglich ist.

1. Bedingt die Möglichkeit der Versendung eine genaue Kenntnis der Zensurvorschriften. Diese bilden aber ein solches Spezialgebiet, daß sie ein genaues Studium und eine längere Praxis erfordern.

2. Können nach vielen Lagern Privatpersonen keine Drucksachen senden. Diese werden nicht verabfolgt. Nur solche von anerkannten Stellen erhalten die Gefangenen sicher.

3. Ist jeder Privatbrief an Gefangene, der von Nichtangehö-

rigen ausgeht, eine Beschränkung des Briefwechsels des Gefangenen mit seinen Angehörigen. Die Gefangenen dürfen nämlich nur eine bestimmte Anzahl Privatbriefe monatlich empfangen. In einigen Lagern nur einen Brief und drei Karten monatlich, in anderen zwei Briefe und zwei Karten. Diese müssen unbedingt für die Angehörigen frei bleiben. Wenn z. B. Ihre Sendung am 1. d. M. eintreffen würde, einige Tage später aber ein Brief der Ehefrau oder sonst nahen Verwandten, dann würde Ihr Brief (Drucksachen, die zugelassen werden, gelten als Brief) verabfolgt, der Familienbrief aber vernichtet. Welche Fülle von Trostlosigkeit könnte das geben! Die Sendungen anerkannter Fürsorgestellen zählen nicht als Privatbrief.

4. Wird jeglicher Verkehr dadurch gefährdet, daß es immer wieder vorkommt, daß Privatpersonen an sich harmlose Bücher, die aber in Feindesland »verdächtig« sind, versenden wollen. Wie leicht ein Mißgriff gemacht werden kann, zeigt die Tatsache, daß »Bibelauszüge« verdächtigt sind (Geheimsprache). (Bibelstellen in Briefen werden sogar geschwärzt!) Was alles »verdächtig« ist, zeigen folgende Titel: A. Streicher, Schillers Flucht nach Stuttgart; Schiller, Wallensteins Lager; Kriegsandachten; »Das Schwert des Geistes« (Bibelauszug vom Evangelischen Bund), Gnade und Friede, Friedensgedanken in Gottes Wort. Alle Sonntagsblätter, Gemeindeblätter sind »verdächtig«. Meistens enthalten diese ja auch Notizen über den Krieg. Das Wort »Heimat« ist in Rußland verpönt. Schriften, die irgendwie auf den Krieg Bezug nehmen, ein »Eisernes Kreuz«, Adler oder schwarz-weiß-rote Umrandung tragen, führen sogar in einigen Lagern dazu, daß der Gefangene bestraft wird. Auch dürfen beispielsweise nach Rußland nur solche Druckschriften versandt werden, welche vor 1913 gedruckt und

nicht gebunden sind. Gebrauchte Bücher nach Rußland zu senden, ist überhaupt verboten.

Um alle diese Klippen zu umschiffen und eine Verbindung zwischen Pfarramt und Gemeindeglied zu ermöglichen, hat sich die Evangelische Blätter-Vereinigung gebildet, die nun bald zwei Jahre im Segen wirken darf.

Der Geschäftsführer derselben ist amtlicherseits zur Vorzensur beauftragt. Die Blätter-Vereinigung vertritt keine Eigeninteressen. Sie wirbt weder Mitglieder in den Gefangenenkreisen, noch wird sie ihre seelsorgerische Tätigkeit nach dem Kriege fortsetzen. Sie ist vielmehr ihrer Organisation nach nur eine Kriegshilfe und wird nach dem Krieg verschwinden. Sie sucht daher den Gefangenen an das heimatliche Pfarramt zu binden, indem sie diesem mitteilt, auf wessen Veranlassung die Sendung erfolgt.

Jeder Gefangene erhält eine Taschenbibel, ferner unseren monatlich zweimal erscheinenden »Christlichen Botschafter für Kriegsgefangene« (Auflage 21000), ferner von Zeit zu Zeit unsere »Kriegsgefangenengrüße« (bis jetzt 93000). Außerdem einmal ein größeres Bücherpaket. Diese Sendungen sind unentgeltlich. Die Kosten werden aus freien Liebesgaben bestritten.

Dem Gefangenen wird mit anfolgender Karte mitgeteilt, daß die Zusendung auf Wunsch seines Pfarrers erfolgt. Der Gedanke der Verbindung mit dem heimatlichen Pfarramt ist hierbei leitend. Oft dankt daher auch der Gefangene nicht uns, sondern dem Pfarrer.

Wir bitten Sie daher, wie es auch von den meisten obersten deutschen Kirchenbehörden angeordnet wurde, uns die Anschriften Ihrer Gemeindeglieder in feindlicher Gefangenschaft zu senden. Wir senden in Ihrem Namen.

Bitten an uns, den Gefangenen »Bibelteile«, »Bibelauszüge« oder Sonntagsblätter, Gemeindeblätter zu senden, müssen wir leider, so schmerzlich es uns ist, aus oben genannten Gründen der Zensur ablehnen. Wenn uns solche gleichzeitig gesandt werden, übergeben wir diese den Lazaretten und Feldbüchereien. Jeder Versuch, sie zu versenden, würde die ganze Arbeit gefährden.«

Ich kann daher nur empfehlen, daß man, wie wir es von Weida aus schon seit langem tun, der Evangelischen Blätter- [4] Vereinigung in Bad Nassau die genauen Anschriften der Kriegsgefangenen seiner Gemeinde mit der Bitte mitteilt, daß sie den Gefangenen geeignete Schriften zukommen lasse. Kann man die Vereinigung durch eine Gabe unterstützen, ist dies sehr willkommen. Besondere Heimatgrüße aber sind nach den obigen Darlegungen nicht zu empfehlen.

II.5 Eduard Leiske: Die Heimatglocken und die Briefe des Apostels Paulus, eine Parallele [Teil I, Seite 4-6]

Unsere schlichten, erst seit kurzen Jahren bestehenden Heimatblätter und die Briefe des Apostels Paulus, wie weit auseinandergehend nach Art und Zeit, Inhalt, Wert und Bedeutung mögen sie auf den ersten Blick erscheinen! Aber bei näherem Nachdenken [bleiben] beide doch nicht ohne innere Beziehungen, verwandte Saiten, um so frappanter und zahlreicher, je mehr wir uns in den Vergleich versenken.

Zunächst erscheinen die Ungleichheiten größer als die Gleichheiten. Und zwar liegen erstere auf persönlichem Gebiete, d.h. beruhen auf den Personen der Verfasser und Arbeiter an den beiderseitigen Schrifterzeugnissen.

Denn wie könnten wir, die Vor- und Mitarbeiter unserer bescheidenen Heimatglocken, wohl irgendwie uns mit der Person des Apostels selbst vergleichen oder verglichen werden? Wie könnten wir uns unterfangen, mit diesem Großen irgendwie in die Schranken treten zu wollen? Er, Paulus, der Meister, wir die leider nur unvollkommenen Schüler. Nicht minder in die Augen fallend sind die sachlichen Verschiedenheiten, also der Inhalt und die Bedeutung der beiderseitigen Geistesarbeit und Arbeiten.

Paulus, der Große, die ganze alte Welt durch seine Arbeit und Schriftwerke aus den Angeln hebend! Und wir. Uns nur an wenige Hundert unserer Dorfgenossen wendend. Jener mit einer ganzen inneren Welt wundersamer Spekulationen kühn und mit Einsatz von Leib und Leben hintretend vor Christen, Juden und Heiden! Und wir? Nur wenige schlichte und bescheidene Ausführungen für einen kleinen Kreis über die eng begrenzte Heimat zunächst, ihre Schönheiten, ihre Kirche, ihre Geschichte. Ferner: die Briefe Pauli verbreiteter in der Welt als irgendwelche andere Briefe und Schriften aller Zeiten und von der gewaltigsten Wirkung in der Welt und Menschengeschichte! Und unsere »Heimatglocken« dagegen, so bescheiden läutend, im eigenen einzelnen Dorf, dann noch etwas darüber hinaus in der nächsten Stadt, wo der als Rentner sitzende frühere Ortsbürger oder die dahin verheiratete junge Frau aus dem Dorfe allerdings den Tag kaum erwarten können, wo der Postbote die neue Nummer der »Heimatglocken« ins Haus bringt. Dann noch einige Exemplare in die weitere Ferne, vielleicht sogar ins Ausland, in die neue Welt, wo die Auswanderer aus unseren Dörfern in den 40er bis 70er Jahren des vorigen Jahrhunderts besonders zahlreich über dem Ozean mit sauerem Schweiß und einigem Glück sich eine neue Heimat bereiteten. Und jetzt vollends, seit dem Weltkrieg, sind unsere »Heimatglocken« sogar gewissermaßen universalistisch wie Pauli Briefe geworden. Sie gehen in die verschiedensten Länder und Erdteile in vielen tausenden von Blättern, sie sind zu finden in den Schützengräben Flanderns, Frankreichs, Kurlands und Polens, an den Ufern des Wardar und der Weichsel, von der Maas bis zur Memel, von der Etsch bis zum Belt, in den Bergen der Vogesen und des Balkans, auf den Wogen, wie den Tiefen des Ozeans, bei den Mannschaften unserer Kreuz- und U-Boote. Freilich ist diese Universalität unserer »Heimatglocken« nur eine scheinbare und zufällige, sie ist aus den Verhältnissen der Jetztzeit geboren, eine Folge der Mobilmachung, und wird mit dem Kriege – wir wollen hinzufügen sogar: hoffentlich recht bald – verschwinden.

Wir können so zusammenfassen: bei aller Beachtung dessen, daß auch die Briefe Pauli ursprünglich keine Literaturwerke oder als solche vom Verfasser gemeint waren, nicht für eine weite Öffentlichkeit und für eine Wirkung auf die Nachwelt bestimmt, sondern Gelegenheitsschriften, für ihre Empfänger und ihre besonderen Bedürfnisse berechnet, so haben sie doch Jahrtausenden Trost, Licht und Lehre gespendet, sie sind tatsächlich Weltliteratur geworden, und wir können nach Inhalt und Bedeutung unsere Heimatglocken in keiner Weise ihnen an die Seite stellen. Die Welt, das Publikum, der Leserkreis: Pauli ist der Makrokosmos, die unserige nur der Mikrokosmos.

Auch der Zweck ist ein verschiedener. Die Briefe des Paulus waren zum Vorlesen in der Gemeindeversammlung bestimmt. Von gewaltiger Wirkung mögen sie gewesen sein bei dem Schwung und Zauber dieses geborenen Redners, bei dem Feuer dieser Feuerseele. Vergleichen wir damit unsere Heimatglocken: gewiß wird manche Andacht, manches schöne Gedicht, das auch aus Leserkreisen stammt, zum Vorlesen in der Familie geeignet sein, aber weiter hinaus nicht, da hört schon der Vergleich auf.

Und dann haben beide auch verschiedene Dauer, Lebensdauer. Pauli Briefe waren ursprünglich für kurze Dauer berechnet, bis zum Weltende, das er in größerer Nähe glaubte, und wenn seine Briefe die Jahrtausende überdauert haben, so ist das ein Erfolg, der weit über die Absicht ihres Verfassers hinausgegangen ist, ein Erfolg infolge des Waltens der göttlichen Vorsehung, der das Kleine erwählet und groß machen, dem kurztätig Gemeinten und Geglaubten eine Dauer von Jahrtausenden verleihen kann. Wie lange dagegen unsere Heimatglocken, die jetzt besonders während des Krieges infolge der Not der Zeit allerorts wie die Pilze nach einem Sommerregen höchst erfreulich aus dem Boden schießen, dauern werden, dem Ewigkeitswerte der Briefe eines Paulus gegenüber, das wollen wir gar nicht untersuchen und uns gar keinen Vermutungen darüber hingeben, sondern dem anheimstellen, in dessen Namen wir auch diese Arbeit tun. – Solches sind die Verschiedenheiten.

Und doch bei alledem sind es doch auch verwandte Saiten und Klänge, die bei näherem Nachdenken und Lauschen aus Pauli Briefen und unseren Heimatglocken heraus zu tönen scheinen. Und nicht zum Schaden unserer Heimatglockensache wäre es, wenn wir bei Auswahl und Verabfassung unserer Artikel und Aufsätze und Beiträge immer recht auf solchen Gleichklang bedacht sein wollten. Was war denn zunächst die Ursache und Bedingung, daß Paulus seine Briefe an die Gemeinden und vertraute Personen schrieb? Es war seine Sorge, seine Seelsorge, seine Sorge um der Seelen Seligkeit, er warb um die Seelen der von ihm gegründeten und geliebten, ihm anvertrauten und von ihm auf betendem Herzen getragenen Gemeinden. Wie rührend, und in ganz idealer Ferne vorschwebend, ist sein Verhält-

nis zu ihnen, besonders zu seinen Ephesern! Und was ist es,
das uns nun auch die Feder zu unserem Gemeinde-Blatt in
die Hand gedrückt, manchem in die Hand gezwungen hat?
War's nicht auch die Sorge um die Gemeinde? Zwar haben
wir die Gemeinden nicht erst gegründet, wie es Paulus tat;
aber sie sind uns doch auch anvertraut, wir lieben sie mehr
oder minder, tragen sie auch auf fürsorglichem, betendem
Herzen. Gewiß war es nichts anderes, was einst die ersten
Heimatglocken ins Leben rief auf den Höhen und Tälern
des Schwarzwaldes, der hessischen Berge und unserer Rhön,
was sie mit ihrem uns bekannten Erfolg ihren Siegeszug
machen ließ aus bescheidenen Anfängen und Winkeln des
deutschen Vaterlandes. Es war die Sorge für die Seelen, für
die Seelen in unseren Gemeinden, in den gefährdeten, aus-
einanderfallen wollenden, zum Teil abgefallenen, gleich-
gültigen | [5] und heimatlosen Gemeinden, die irdisches
und himmlisches Heimatgefühl verloren hatten, und denen man ihre irdische Heimat wieder lieb und wert machen
wollte, wie auch ihre himmlische. So entspringen beide, die
Briefe Pauli und unsere Heimatglocken, neuer pastoraler
Seelsorge: es geht um die Seelen. Und so soll und muß dieser leitende Gesichtspunkt, da es um die Seelen geht, auch
unser Blatt beseelen. Bezeichnet sich Paulus als Diener Gottes, so sind auch wir's, so ist das auch unsre Ehrenstellung
als Heimatglöckner, daß wir Pauli Mitarbeiter sind. Indem
unser Blatt ins Haus kommt, verrichten wir sozusagen seelsorgerische Hausbesuche, ohne die persönlichen übrigens
damit aufheben zu wollen. Außerdem gibt das Gemeindeblatt manche Berührungspunkte zu gelegentlichen und
geselligen Gesprächen auch ernsterer seelsorgerischer Art:
wir haben so die Hoffnung, wenn auch nicht immer die
Gewißheit, daß die Gemeinde sauerteigartig durchdrungen

werde, denn die Presse ist ja bekanntlich eine Großmacht und ihr Einfluß auf die Herzen der Leser ist nicht zu unterschätzen.

So müssen auch wir in unsern Gemeindeblättern den rechten Seelsorgeton treffen. Und diesen können wir am besten vom Apostel lernen. Zunächst gilt es eine allgemeine gewisse Vorsicht sich stets vor Augen zu halten, daß es nämlich ein gedrucktes Wort ist, das wir bieten. Ein gesprochenes vergeht eher, das gedruckte bleibt. Ein Verdruß, den wir Auge in Auge, von Mund zu Mund mal hatten oder auch selbst anrichteten, ist vergänglich und wird eher wieder vergessen, aber der auf Papier gedruckte Buchstabe und Satz hat bleibende Bedeutung, wird auch hinterher und oft anders ausgelegt, als es vielleicht gemeint war. Ist Zeitungsschreiben überhaupt eine Kunst, so stellen die Heimatglocken an uns noch besondere Aufgaben und Forderungen. So müssen unsre Leser an uns merken einen heiligen Ernst und seelsorgerische Liebe (2. Kor.) und das »weite« Herz (2. Kor. 6, 11), welches aber doch dem Wesen nicht um seiner Person willen, sondern nur wegen der Sache zürnen darf (2. Thess. 3, 15). Mit dem heiligen Gewissensernst sehen wir bei Paulus eine Furchtlosigkeit verbunden, in der er auch einmal in heiligen Zorn ausbricht, der die Dinge nicht verblümt, sondern offen bei Namen nennt, fern von aller Menschengefälligkeit (Gal. 3, 1 und 1. Thess. 2, 5). So fordert Paulus vom »Heimatglöckner« furchtloses und unparteiisches Urteil in der Betrachtung der Menschen und Dinge, der Heimat und ihrer Verhältnisse (Kol. 3, 23 und 25); andrerseits sei aber unsre Rede auch nach Kol. 4, 6 »allezeit lieblich und mit Salz gewürzet, daß ihr wisset, was ihr einem jeglichen antworten sollt«. Mit diesem Ernst um die Seelen muß verbunden sein betende Fürbitte für die Daheim und draußen, jetzt besonders unsrer Krieger (2. Tim. 1, 6). So verfügt Paulus immer im höchsten Ernst des Seelsorgers, in der Erregung des Kämpfers, im Grübeln des Denkers über eine innere Gesammeltheit, die man auch von allen denen fordern muß, die für's Reich Gottes schriftlich und schriftstellerisch tätig sein wollen. Dies bewirkt dann von selbst eine Unmittelbarkeit des Verhältnisses als Lehrer und Erzieher zur Gemeinde, gibt seinen Briefen eine Wärme und Frische, die wir nur unvollkommen erreichen werden, und die, wenn wir Pauli Persönlichkeit voll religiös-mystischer Glut, welterobernder Tapferkeit heißen Werbens um seine Gemeinden nur äußerlich nachahmen wollten, nur einen sehr gekünstelten, gequälten oder gar lächerlichen Eindruck hervorrufen würde.

Wie die Ursache, so ist auch der Zweck bei Pauli Briefen und unsern »Heimatglocken« gleich. Bei beiden ist dieser die Ausbreitung des Glaubens, der in Liebe und Sittlichkeit tätig ist. Beide tun es auf verschiedene Weise, wie ja auch Paulus uns ausdrücklich eingeräumt hat: Christum predigen auf allerlei Weise. Wenn Paulus in seinen Briefen, vor allem in seinem größten Geistesdenkmal, dem Römerbrief, das Evangelium Jesu durch alle Gänge und Stollen paulinischer Geistesarbeit weitergeführt hat, so kommt es gegenüber diesen vielverschlungenen Pfaden paulinischer Dogmatik und Beweisführung, mit der er sich im Römerbrief bekanntlich grundsätzlich mit dem Judentum auseinandersetzt, uns mehr darauf an, schlichten und einfachen Gottesglauben in unsern Gemeindeblättern zu predigen, ohne trockene und dogmatische, wissenschaftlich gelehrte oder gar spitzfindische Spekulationen, das schlichte und schlechthinnige Abhängigkeitsgefühl jedes überzeugten Christen von seinem himmlischen Vater, wie es uns aus dem

Evangelium Jesu Christi entgegenstrahlt. Diesen schlichten Gottesfinderglauben, verbunden mit dem Verständnis von Jesu Lieben und Leiden und Streiten, Vorbild, Arbeit und Opfer, immer von neuem im Gemeindeblatt der Gemeinde vermittelt zu des Kirchenjahres heiligsten Zeiten, das Wort vom Kreuz (1. Kor. 1, 18), gepredigt vor allem in dieser schweren Zeit des großen Sterbens, dieser Grund (1. Kor. 3, 11) muß auch die Grundlage unsrer Heimatglocken sein und bleiben, für unsre Dorfgemeinden die bekömmlichste und zuträglichste geistliche Speise anstatt der Höhe paulinischer Gedankenwelt. Und so wird's ja auch, blicke ich mich in den zahlreichen Ausgaben unsrer Heimatblätter um, von allen diesen gehalten und gehandhabt. Ganz praktisch, realistisch und schlicht sind die »Andachten« in ihnen zugeschnitten, von rein Dogmatischem ist – zumal in dieser Kriegszeit – nichts zu spüren.

Ist es uns also in unsern »Heimatglocken«, wie oben gesagt, um die Verbreitung des Glaubens zu tun, so ist das aber nicht so gemeint, daß »wir Herren seien über den Glauben« in unsern Gemeinden, sondern vielmehr und lieber »Gehilfen ihrer Freude« (2. Kor. 1, 21). Zwar müssen wir auch Acht haben auf die Lehre (2. Tim. 4, 16) und dem Unglauben gegenüber gilt das Wort Pauli 2. Kor. 6, 14: »Ziehet nicht am fremden Joch mit den Ungläubigen«, aber Christus kann eben verkündigt werden auf allerlei Weise, wenn er nur in euch eine Gestalt gewinnt (Gal. 4, 19). So können wir von Pauli Weitherzigkeit lernen. Wie oft hat er sich ausgesprochen gegen das Zanken um Worte in Glaubenssachen, gegen die Wortkriege und Schulgezänke (1. Tim. 2, 14[-]23; 1. Tim. 6, 5)! Deshalb hat auch ein Eifern um rein dogmatische Begriffe keinen rechten Zweck und keine Stätte in den Heimatglocken.

Reiche Anregungen und gutes Vorbild findet der Heimatglöckner bei Paulus für sein apologetisches Bemühen. Denn unsere heutige Zeit gibt uns nicht nur genügend Anlaß zur Apologetik, sondern zwingt uns sogar dazu. Die Kriegszeit mit ihrer zuerst mächtig aufflackernden, dann wieder vielfach abflauenden religiösen Stärke und Begeisterung, mit ihren im Verlaufe des Krieges zahlreich auftauchenden Fragen und Rätseln zwingt uns, christliche Apologetik zu treiben. Jetzt ist die Gelegenheit günstig. Jetzt denken viele über das Höchste und Tiefste, Innerste und Fernste nach. In Feldpostbriefen, die wir empfingen, fanden wir seitens feldgrauer Leser allerlei Fragen angeschnitten, z. B. ist es recht, daß Christen auf andere Christen mit solchen furchtbaren Mordwerkzeugen losgehen? Lebt das Christentum noch oder ist es bankrott usw.? An solche Fragen und persönliche Erlebnisse müssen wir nun in unsern Blättern anknüpfen, geschickt, nicht ungeschickt, zart, nicht grob, so daß man die Absicht merkte und dadurch verstimmt würde, und doch so, daß mancher sich getroffen fühlt und überzeugt wird. Also Apologetik, nicht Polemik. Auch Paulus hatte es in seinen Briefen mit Verächtern des Evangeliums zu tun, mit Gleichgültigen. Wie klagt er so oft darüber, z. B. Röm. 16, 17. Über diese Gegner, ihre Ansichten und Angriffe können wir uns hier und heute nicht weiter verbreiten. Apologetik zu treiben in den Heimatglocken |[6] tut gerade dem heutigen Geschlecht bitter not, gegenüber dem heutigen Materialismus und Monismus von Gelehrten und Ungelehrten, Soldaten und Zivilisten, Städtern und Dörflern. Ich sagte oben Apologetik, nicht Polemik. Denn wo Polemik herrscht, fühlt man sich nicht daheim! Wenn wir also Polemik treiben, offene, schroffe und grobe, da wird sich der Leser nicht heimisch fühlen in unserm Blatt. Und es soll ihm doch gerade Heimatgefühl bringen und geben, er soll doch darin die Heimat finden, und dazu die andre Heimat, und die andre Frage beantwortet finden: Wo findet die Seele die Heimat, die Ruh? Heimat und Glaube, wie bei Schönherr. Beides ist in den Heimatglocken apologetisch, nicht polemisch zu verbinden. Dann bringen sie Freude und Heimatgefühl. Freude brachten einst auch die Briefe des Apostels Paulus in seiner Gemeinde. Mit welcher Freude mögen sie einst besonders von den Armen, von den Verfolgten und Enterbten bei ihrer Ankunft begrüßt worden sein! Auch unsre Heimatglocken sollen Freude anrichten in den Häusern, keine Verstimmung durch unnötige und unpassende Polemik, Freude auch anrichten im Feindesland und in den Schützengräben draußen. Die Ankunft einer neuen Nummer muß ein Fest werden, wie mir neulich ein Krieger von draußen schrieb. Und tatsächlich wird's auch so allgemein sein. Nur wenige Fälle sind mir bekannt geworden, wo Heimatglocken draußen abgelehnt wurden, z. B. in einem Falle, wo der ungezogene Junge eines Feldgrauen im Schützengraben in der Fortbildungsschule Hiebe erhalten hatte und den Zorn des Vaters der Geistliche fühlen mußte, obwohl er bei dieser Schulsache ganz unbeteiligt gewesen war. Es hieß eben da mit Abänderung eines bekannten Sprichworts: Haut ihr meinen Jungen, hau ich euren Pfarrer! Sonst aber sind wenig Fälle bekannt. Aber soll das etwa bedeuten, daß draußen alle gläubig seien? Schon im ersten Kriegsherbst 1914 fiel mir in den Feldpostzuschriften, welche die »Dorfkirche« veröffentlichte, der Satz auf: Man dürfe sich kaum getrauen, sein R. T. sehen zu lassen und darin zu lesen, weil so viele Spötter es nicht wollten und leiden könnten. Und derer sind's gewiß im Verlauf des langen Krieges nicht weniger, sondern höchstens mehr geworden. Da gilt es Apologetik zu treiben, ernst und vornehm, unbekümmert auch wie bei Paulus, ob wir Unwillen, Unverstand oder üble Nachrede wachrufen, Apologetik ohne Erregung und Ärgernisse, die unsern teuren christlichen Glauben verteidigt und hochhält – Es geht also in den »Heimatglocken« um den christlichen Glauben. Ob's auch später mal um den evangelischen gehen wird? Ob wir früher oder später in den Heimatglocken auch werden mal Front machen müssen gegen Lehren und Ansichten der Intoleranz einer anderen Kirche nach Röm. 16, 17? Das wird und mag die Zukunft lehren. (Schluß folgt)

II.6 PAUL NIESE: ZUR PAPIERNOT [SEITE 6]

In Kirchenzeitungen hatte ich gelesen, daß sich ein Arbeitsausschuß der Evangelischen Sonntagsblätter Deutschlands gebildet hat. Dieser hat am 21. und 22. Juni 1917 im Theobaldistist in Wernigerode eine Tagung abgehalten. Eine Menge von Vorträgen wurde dabei gehalten und dabei auch über die Papiernot eingehend gesprochen. Aus der Niederschrift über die Verhandlungen geht hervor, daß man keinen scharfen Schnitt zwischen Sonntagsblatt und Gemeindeblatt machte. Es bestehen, wenn man die mannigfache Gestaltung beider Arten von Blättern kennt, tatsächlich sehr enge Berührungen und Beziehungen zwischen ihnen. Ich habe deshalb mit dem Arbeitsausschuss Führung genommen. Ob wir uns förmlich anschließen, wird die weitere Entwicklung zeigen und eine Verhandlung auf unserer nächsten Tagung zu bestimmen haben.

Vorläufig aber ist es doch recht wertvoll geworden, daß ich die Verbindung gesucht habe. Auch unsere Heimatglocken werden von der Papiernot getroffen, und ihr Fortbestehen ist ernstlich gefährdet. Deshalb war es mir lieb, daß der Verband der evangelischen Sonntagspresse, der sich jetzt aus jenem Arbeitsausschuß gebildet hat, mir ein Gesuch an den Reichskanzler übersandte dahingehend:

[»]Ew. Exzellenz wollen, um den Fortbestand der zur Zeit besonders unentbehrlichen religiösen Sonntagsblätter sicherzustellen, die Verordnung vom 31. Juli 1916 betr. »Druckpapier der Tageszeitungen« wie auch die sonstigen zu Gunsten des Papiers der Tageszeitungen erlassenen Verordnungen auf die religiösen Sonntagsblätter gütig ausdehnen.

Ew. Exzellenz wollen ferner die erforderlichen Maßnahmen veranlassen, daß zunächst für das Vierteljahr vom 1.10.17 bis 31.12.17 mindestens 107 Doppelwagen maschinenglattes Papier zum Preise des Papiers der Tageszeitungen den religiösen Sonntagsblättern gesichert und zur Verfügung gestellt werden.[«]

Das Gesuch an den Reichskanzler ist zunächst mit einem anderen Anschreiben unsern Kirchenregierungen übermittelt worden. Wie ich eines nach Weimar geschickt habe, so habe ich den Vertrauensmännern unserer Vereinigungen in den einzelnen Thüringer Fürstentümern solche überschickt und hoffe, daß sie an die Kirchenregierungen unserer Thüringischen Staaten die Gesuche mit einem kräftigen Hinweis auf die Bedeutung unserer Heimatblätter weiter gegeben haben. Unsere Kirchenregierungen, die wiederholt die segensvolle Arbeit unserer Blätter im Kriege anerkannt haben, werden gewiß ein warmes und gutes Wort für unsere Blätter einlegen, daß wir ebenso gut wie die Tagespresse behandelt werden und nicht eine so wichtige Arbeit abbrechen müssen, wie sie unsere Heimatblätter jetzt verrichten.

III. Texte aus der dritten Ausgabe (15.11.1917)

III.1 Eduard Leiske: Die Heimatglocken und die Briefe des Apostels Paulus, eine Parallele [Teil II, Seite 1–4]

Insbesondere wollen wir uns die Gelegenheiten von Festen und Gedenktagen ja nicht entgehen lassen, Zeugnis abzulegen vom Glauben. Es muß der ganze Reichtum des christlichen Trostes in dieser schweren Zeit des Herzeleides, da Not und Tod durch die Lande geht, unsern Gemeinden, den Kriegern draußen, allen Kranken, Verwundeten, Gefangenen und ihren Familien, sowie denen der Gefallenen, Vermißten und Verschollenen auch durch die Heimatglocken gespendet werden. Solche Bande, die in dieser Zeit zwischen dem Gemeindegliede und seinem Blättchen geschlossen sind, werden dauern und auch später halten. Jetzt, zu Karfreitag und Ostern, zu Himmelfahrt und Totensonntag gibt's in unseren Heimatglocken keinen anderen Trost, als den 1. Kor. 15. So mögen und müssen auch unsere Heimatglocken dazu beitragen, den in Pauli Briefen der Welt und Menschheit geschenkten Glaubenssegen zu erhalten und zu vermehren. Sind wir aber des Glaubens Diener und Prediger auch in den Heimatglocken, so müssen wir auch gegen den Aberglauben Zeugnis ablegen. Zu Pauli Zeiten mag er noch groß gewesen sein, aber auch in unsrer Zeit ist der heidnische Aberglaube an böse Geister noch nicht ganz erloschen. Und wenn es wahr ist, daß der Aberglaube da anfängt, wo der Glaube aufhört, so haben wir ihn bei Glaubenslosen zuerst zu suchen. Das stimmt auch. Je scheinbar aufgeklärter und intellektuell hochstehender oft der Mensch, desto abergläubischer ist er. Bei Karten mit Kaffeesatz sollen ja abends Autos und Equipagen vorfahren, in Berlin und anderswo. Dann finden wir Aberglauben bei vielen geistig Schwachen. In der Zeit der Mobilmachung machte er sich geltend durch die bekannten »Himmelsbriefe«. Auch darin müssen wir, die Heimatglöckner, den Gemeinden den rechten Weg zu weisen suchen. Und wenn wir etwa nicht dazu da sein wollen oder sollen, wozu sind wir denn sonst da, die Schüler und Nacharbeiter des Apostels Paulus? Man sage nicht: Predigt genügt dazu. Das ist nicht der Fall: denn in der Predigt sind erfahrungsgemäß nur verhältnismäßig wenige Gemeindeglieder. Aber die Heimatglocken lesen alle. Dazu kommt, daß das gedruckte Wort besser wirkt als das von der Kanzel gesprochene. Wie es Verstimmungen schafft, so schafft es auch Begeisterung, Überzeugung und guten Willen.

Der Glaube betätigt sich aber in Sittlichkeit. Wie Paulus, sollen's auch wir halten; auch unsre Heimatglocken seien ähnlich wie die paulinischen Briefe Nachschlagestellen der christlichen Ethik. Hier sollen und können wir in den Spuren des Apostels wirken. Denn wenn unsre Person auch nicht an seine heranreicht, es muß die Sorge um die Zukunft unserer Gemeinden und unsres Volkes uns die nötige Kraft und den festen Willen geben, ohne Ansehen der Personen, ohne ein furchtsames Hinken alles zu tun, was in unsern Kräften steht. Zudem sind ja die Verhältnisse zur Zeit Pauli nicht allzu verschieden von den unsrigen. Denn es wäre bekanntlich sehr verkehrt, die paulinischen Gemeinden so allgemein als Mustergemeinden hinzustellen. Sie hatten auch ihre großen Fehler und Mißstände, und niemand berichtet uns das besser als Paulus selbst. Als mildernden Umstand können wir dabei nur das erachten, daß sie eben vorher Heiden waren und der Erziehung, des Aufwachsens in christlicher Luft, wie es eben bei uns Gottlob der Fall ist, entbehrten. Um so eifriger, aber nicht ungeschickt, lasset also auch uns die christliche Ethik in den Heimatglocken treiben und an unserm Teile an der Beseitigung der Wucherungen der christlichen Volksseele beitragen für Keuschheit, Sanftmut, Liebe! Gerade das Eintreten für Keuschheit erfordert großes Geschick. Es wäre jetzt so dringend nötig in der Kriegszeit. Die Lazarette Belgiens, Flanderns, Frankeichs, Wilnas und Serbiens und solche der Heimat liegen voll geschlechtskranker deutscher Krieger, junger und alter. Haben sie sich in den ersten Monaten des Krieges, der allgemeinen Begeisterung, sittlicher und vaterländischer Erhebung und siegreichen Vorbringens gut gehalten, mit der Langeweile des Stellungskampfes, mit der langen Dauer des Entferntseins von der Heimat und der Zudringlichkeit der ausländischen Mädchen haben gute Vorsätze Schaden gelitten. Und dieser Schaden der »ehrlosen Krankheit« wird zumeist erst später voll in Erscheinung treten: in den kranken Frauen und Kindern, in dem Familienelend, in den Selbstmorden solcher, die den Krieg zwar, aber nicht die Krankheit glücklich überstanden haben werden. Da gilt es, auch in den Heimatglocken auf Grund von Tit. 2, 6 mit Ernst und Offenheit über diesen heiklen Punkt Aussprache zu halten und mit der Gerechtigkeit, welche nicht donnernde Philippikas wider die solideren Schützengrabenbewohner schleudert und die Sünder in Etappen, Besatzungen usw. vergißt. Und nicht nur die Sorge um die Seelen, sondern auch um Leben und Gesundheit so vieler Frauen und Kinder daheim, auch die nationale Sorge um Weiterblühen und Wahrhaftigkeit des deutschen Volkes in künftigen, wahrscheinlich ebenso kritischen Zeiten, wie jetzt, soll uns dazu vermögen. So wird auch in kommender Friedenszeit noch manches offene und eindringliche Wort über manche Erscheinungen unsres Volkslebens, Geburten- und Kinderbeschränkung u. dergl. zu sprechen sein.

Nach der Keuschheit aber das zweite Hauptstück christlicher Ethik, die Liebe, deren hohes Lied Paulus bekanntlich [2] 1. Kor. 13 singt, die sich, wie seiner Zeit Drummond in seinem vielgelesenen Buche: »Das Beste in der Welt« sagt, in so viel Einzelerscheinungen äußert, als der Lichtstrahl durch's Glasprisma in alle Farbentöne des Regenbogens zerlegt wird, z. B. Einigkeit, Barmherzigkeit, Feindesliebe. Gerade die Barmherzigkeit, der Phoebedienst, kommt sowohl im Frieden in zahlreichen Beiträgen über Diakonie, Gemeinde- und Krankenpflege, Schwesterstationen und Frauenvereine zur Besprechung, als auch ganz besonders in dieser Kriegszeit in den Berichten unsrer »Heimatglocken« über Arbeit und Tätigkeit des Roten Kreuzes gegen alle Schäden des Krieges, an Kranken und Verwundeten, Krüppeln und Invaliden, Hinterbliebenen und Gefangenen. In Krieg und Frieden aber mögen unsre Blätter die Liebe Jesu Christi verkündigen, indem sie die nähere Bekanntschaft unsrer Gemeinden mit den Anstalten für innere Mission unsres Landes und unsres ganzen deutschen Volkes vermitteln. Hierher gehören auch Ausführungen über Jugendpflege und Jugendfürsorge. Dann vor allem unsre Artikel über Heidenmission, als deren erster Vertreter Paulus in seinen Briefen erscheint. Ferner die über den Gustav Adolf-Verein. Auch betreffs der Türken, die unsre verdienten Bundesgenossen geworden sind, und mit denen nicht nur militärisches Zusammengehen im Kriege, sondern auch engeres politisches und wirtschaftliches im kommenden Frieden beabsichtigt ist, müssen wir in den Heimatglocken Stellung nehmen. Welche es sein wird, darüber sind wir zurzeit wohl noch nicht allseitig klar. Wir wissen nur, daß schon jetzt das theologische Lager betreffs der Mohammedanermission an unsern türkischen Freunden in zwei Teile mit gegensätzlichen Ansichten gespalten ist. Aber Stellung zum Islam werden wir nehmen müssen.

Einer der obenerwähnten vielerlei Farbentöne der christlichen Liebe ist auch die Feindesliebe, über welche sich Paulus Röm. 12, 20 äußert: »So nun deinen Feind hungert usw.« Und das ist ja gerade von vornherein unser deutscher Stolz und ist unsre schlechtgelohnte Ehre gewesen, daß wir Feindesliebe in reichstem Maße übten. Gegenüber der grausam berechnenden, kaltherzigen Rücksichtslosigkeit weißer und farbiger Engländer, des offiziellen Englands, das einem Feinde nur Liebe erweist nicht um Jesu willen, sondern nur wenn es ihm ins Geschäft paßt, das eine Zeppelin-Mannschaft rettet, nur um die üblen Eindrücke des Baralong[-]Falles vor der Welt wieder zu verwischen, gegenüber der moralischen Verkommenheit Frankreichs, das auf alles schießt, was ein rotes Kreuz trägt, gegenüber dem sattsam bekannten Kosakentum, ja, wie haben wird da nicht Feindesliebe geübt in diesem Krieg nach dem Wort Pauli und Jesu! Mag sein, daß auch auf unsrer Seite manchmal Roheiten verübt wurden. Wo aber es geschah, mußte es verborgen geschehen, geschah nicht ungescheut und ungestraft, mit behördlicher Mißbilligung oder nur auf hinterhältiges Verhalten der Feinde hin. Solche Besinnung der Feindesliebe haben die Heimatglocken von jeher in unsern Blättern vertreten und besprochen, auch gegenüber den oft auf schärfere Tonart und Selbsthilfe gestimmten Ansichten aus unsern Gemeinden!

Haben wir nun im Vorstehenden in unsrer Parallele die gleichartigen, verwandten Momente betont, so sind andererseits auch die Punkte nicht zu übersehen, in denen wir schwerlich eine Übereinstimmung feststellen können. Parallelen laufen nicht nur in gleicher Entfernung neben einander her, sondern treffen sich auch nicht. Auch wir Heimatglöckner werden in einigen Punkten uns nicht mit dem Apostel treffen können. Das ist zunächst auf dem persönlichen Gebiete der Fall.

Wie oft spricht Paulus in seinen Briefen von sich, seiner Person und seinem Leben! Und wie berechtigt ist das bei ihm! Er glaubte es nötig zu haben zur Legitimation seines Berufs, seiner Sendung. Wir haben das nicht nötig als Heimatglöckner, sind günstiger gestellt als Paulus, wir sind durch unser Amt auch zu diesem ganz neuen Zweig unsrer christlichen Tätigkeit berufen und befähigt, und unsre Person ist schließlich nicht derart wichtig, daß wir darüber ein langes und breites vorzutragen nötig hätten. Desto mehr lasset uns über die Persönlichkeiten andrer frommer und christlich gesinnter Menschen aus der Vergangenheit der Kirche, aus den Werken der Mission, aus der Gegenwart, besonders fromme Nationalhelden sagen und bringen. Bei dieser Gelegenheit noch ein Wort über die Mitarbeit der Frauen. 1. Tim. 2, 12 sagt Paulus: Einem Weibe aber gestatte ich nicht, daß sie lehre, auch nicht, daß sie des Mannes Herr sei, sondern still sei usw. Soll das die Mitarbeit der Frau ausschließen bei unsern Heimatglocken? Ich glaube nicht. Die wenigen Erfahrungen, die wir bisher in unsrer Tätigkeit und unserm Heimatglockenkreise in dieser Beziehung gemacht haben, waren doch nur gute.

Ein zweiter Punkt, wo wir vergeblich bei Paulus anklopfen werden, ist gerade etwas, was wir vor allem in unseren »Heimatglocken« vertreten und verbreiten wollen: die Liebe zur irdischen Heimat. Paulus, der in seiner alles und alle umfassenden Liebe den Juden ein Jude, den Griechen ein Grieche sein wollte, spricht nur davon, daß er Ebräer sei (2. Kor. 11, 22). Sonst lesen wir in der Apostelgeschichte, daß Tarsus, die Hauptstadt Ciliciens, seine Heimat war. In der Apostelgeschichte lesen wir ferner, wie er in der Stunde höchster Not damals in Cäsarea sein römisches Bürgerrecht geltend machte und damit seine Kenntnis von der Bedeutung der Zugehörigkeit zum imperium Romanum bezeugte. Aber da-

raus kann man unmöglich Näheres über Heimat- und Vaterlandsliebe Pauli folgern. Diese sind ihm nach seinen Briefen
vielmehr völlig fremd. Kein Wunder bei ihm; wer so wie er
das höchste Ziel, die himmlische Heimat zu stürmen sucht,
dem geht der Ausblick auf die enge und bescheidene irdische
Heimat leicht verloren, ein solcher Universalist und Kosmo-
polit, der sozusagen »auf's Ganze geht«, der befaßt sich nicht
mit der Kleinarbeit an der irdischen Scholle, die in seinen Augen eher den Menschen am Himmel hindert und ihn in den
Dienst des vergänglichen Wesens stellt. Wer, wie Paulus, das
ängstliche Harren der seufzenden Kreatur und der Schöpfung
nach ihrer Erlösung heraushört, hat wenig Zeit und Neigung
für die irdische Heimat, ihre Geschichte, Eigentümlichkeiten, Sitten und Gebräuche. Aber gerade von diesen wollen
wir in den Heimatglocken unsern Gemeinden erzählen, von
fernen und fernsten, sogar – wo es angeht – prähistorischen
Zeiten, von der Geschichte und den Geschichten unsrer Dörfer, ihren Bau- und Kunstdenkmälern, von den Schönheiten
insbesondere der ländlichen Heimat, und wie letztere so oft
hingeworfen wird von solchen, die in der Landflucht ihr Lebensglück und Arbeitsziel erblicken. Wie erfreut es da unser
Herz, wenn wir einen Brief auf unsre Heimatglockensendung
mit den Worten erhalten: »Ihre Heimatklänge mit Dank erhalten. Früher habe ich mich wenig um meine Heimat bekümmert, aber jetzt warte ich immer schon vorher auf ihre
lieben Nachrichten.« So wollen wir in unserm Gemeindeblatt
die deutsche Heimat vertreten, neben der himmlischen auch
die irdische, und vor allem die ländliche, um ihrer selbst und
um des ganzen Volkes willen. Bei aller Internationalität des
Christentums dürfen wir nicht darauf verzichten, zumal in
dieser Kriegszeit, die deutsch-vaterländischen Interessen zu
vertreten, während Paulus die ländliche Heimat, ihre Schön-

heiten, ihre Interessen ja fern lagen, und solche Erscheinungen, wie die der Landflucht, für die wir gern unsre Spalten öffnen, ihm fremd und unbekannt waren.

Die irdische Heimatliebe führt uns zu einem dritten Punkt, wo uns die Briefe Pauli ziemlich im Stiche lassen: das sind die dem | [3] Heimatblatte angehängten örtlichen Nachrichten. Nur ganz weniges findet sich von solchen in seinen Briefen, z. B. 2. Tim. 4, 20. Persönliche Beziehungen aber sollen wir in unsern Heimatglocken besonders pflegen. Sie kommen auch, so viel ich bisher sehen konnte, zu ihrem Recht besonders in böser Kriegszeit sowohl in den »offenen Briefen« oder »Heimatbriefen« an die Krieger und Leser draußen, wie auch in den zahlreichen Feldpostbriefen von draußen. In diesem Punkte, Verhältnis der Heimatglocken und der örtlichen Nachrichten, die meistens die letzte, zuweilen auch die zwei letzten Seiten des Blattes einnehmen, zueinander, kommen nun zwei verschiedene Anschauungen zum Ausdruck. Die einen sehen in den örtlichen Nachrichten den Hauptwert des Blattes, die anderen im allgemeinen Teil oder sogenannten Hauptblatt. Ich meine: beide gehören zusammen und zueinander. Das eine soll nicht ohne das andere sein. Ein Hauptblatt ohne die örtlichen Nachrichten entbehrt der notwenigen persönlichen Beziehungen der Heimat zum Leserkreise, und hinwiederum örtliche Nachrichten ohne allgemeinen Text entwerten das Blatt nach alle dem, was bisher gesagt ist. Ich könnte es mir zwar denken und würde es auch mir zutrauen, besonders in der Kriegszeit ein Heimatblatt nur mit örtlichen Nachrichten zu gründen und in einer größeren Gemeinde einzuführen und zu halten, denn es würde gewiß soviel Interesse und Leser finden, daß die Kosten gedeckt würden; aber eine andere Frage ist's, ob ich damit nicht das schönste Ziel desselben, nämlich die Einwirkung auf Her-

zen und Seelen, Belehrung und Unterweisung, Trost und
Erbauung aus der Hand gebe, ob ich nicht durch allzureiche
Registrierung örtlicher Nachrichten, auch kleiner, kleinli-
cher und unwichtiger, das Blatt von seiner vornehmen Höhe
herunterschraube, ob ich dann nicht in Seichtigkeit verfalle
und dadurch leicht, wie das schon zuweilen vorkam, Anstoß
und Unwillen errege. Heimatglöckner, und keine klatsch-
haften Kleinigkeitskrämer wollen wir sein. Auch die örtliche
Monatsberichterstattung der Pfarrämter darf durchaus nicht
ungeschickt, muß vornehm, seelsorgerisch gestimmt sein
und darf sich vor allem nicht in den Dienst einer Dorfpartei
ohne Not stellen, und darf nicht einseitig lobhudeln einer
Partei zuliebe, sonst wird leicht das Blatt nicht mehr ernst
genommen, und das wäre das traurigste Schicksal, das ein
Blatt wie die Heimatglocken erleiden könnt[e]. Also gleichbe-
rechtigt und gleichwertig, heimat- und bodenständig, ernst
und vornehm mögen Haupt- und Beiblatt, allgemeiner Teil
und örtliche Nachrichten neben einander hergehen, innig
mit einander verbunden sein. Dann wird manches persönliche Band, wie bei Paulus, insonderheit während des Krieges
geschlossen; Auswärtige treten in schriftlichen Verkehr mit
dem ihnen persönlich bekannten oder auch unbekannten
Ortspfarrer, besuchen ihn auch bei Gelegenheit, vor allem die
Feldgrauen, wenn sie auf Urlaub heimkommen. Darum – es
sei nochmals betont – auch in den Heimatglocken und allen
Beiträgen alle persönlichen Verstimmungen, Verärgerung und
Verbitterung fern halten, die ja leicht gerade bei einem Geistlichen angesichts eines Mißerfolges oder eines Anstoßes Platz
greifen können. Es soll uns nicht um die Person, geschweige
unsre eigne, sondern nur um die Sache von dem Reich Gottes
zu tun sein. Wir wollen sogar vermeiden, was Paulus 2. Tim. 4,
14.15 nach seinen Erfahrungen vielleicht eher sprechen durf-

te. Wir wollen als Pfarrer weder schönfärberisch, noch furcht-
sam sein, auch nicht die Realitäten des Lebens leugnen, aber
wir wollen Freude und Frieden bringen.

Endlich wollen wir bei dieser Gelegenheit noch ein Wort
verlieren über einen Punkt, über den uns Paulus auch nichts
weiter sagt, nämlich über Geschäftsverdienst durch die Heimatglocken und Inserate. Meines Erachtens sollte mit dieser
literarischen Arbeit für den Pfarrer kein besonderer Verdienst
oder Bezahlung verbunden sein: es ist das, obwohl sich Paulus
darüber wie gesagt nicht ausspricht, doch im Sinne dessen,
der sogar das Evangelium frei verkündigte und sein Brot mit
Teppichweben verdiente. Wir möchten den Heimatglocken-
dienst als einen besonderen Zweig unsres Pfarramtes, der sich
mit den Bedürfnissen der neuen Zeit und besonders des gegenwärtigen Weltkrieges von selbst ergeben hat, betrachten,
für welchen Zweig wir unsre Pfarrbesoldung mit empfangen.
Bleibt etwas in der Heimatglockenkasse übrig, so statte man
dafür das Blatt weiter aus, lasse es vielleicht halbmonatlich
oder in großen Gemeinden wöchentlich erscheinen, oder stif-
te und sammle die Überschüsse zu guten Zwecken, wie Paulus für die Armen Jerusalems.

Was Inserate anlangt, so habe ich sie bisher nur in einem
Heimatblatte gefunden, das unsrer Vereinigung angehört,
dem Schwarzburgboten für Schwarzburg-Rudolstadt. Aber
wenn ich nicht irre, war dieses ursprünglich auch kein Heimatblatt, sondern mehr ein kirchenpolitisches Gemeindeblatt, und hat es sich erst jetzt, in der Kriegszeit und ihren
veränderten Bedürfnissen, mehr nach der heimatlichen Seite
und in heimatlichem Sinn entwickelt. – Und so kämen wir
denn zu einem letzten Punkt, worin ein Auseinandergehen
unsrer Heimatglocken und der Briefe des Apostels Paulus
festzustellen ist: das ist der Krieg. Auf den ist Paulus sozusa-

gen nicht eingestellt. Er hat ihn wohl auch nicht aus eigner Anschauung und persönlichem Erleben gekannt. Soldaten wird er freilich genug gesehen haben. Er beschreibt ihre Rüstung Ephes. 6, 11–17. Von »Kampf« redet er zwar, aber alles meist vom Kampf gegen die Sünde, dessen Vorbild er bei den friedlichen Wettkämpfen der Korinther gesehen hatte 1. Cor. 9. Desto mehr haben wir heute Grund und Veranlassung, mit unsern Lesern über den Krieg zu sprechen, und treten für Tapferkeit und vaterländische Gesinnung ein, die auch Christentum sind. An die Pflicht des »Durchhaltens« kann uns 1. Thess. 3, 3 erinnern: »Daß nicht jemand weich werde in diesen Trübsalen.« Und weiter treten unsre Heimatglocken ein für alles, was mit Existenz und Wohlstand der Heimat zusammenhängt, für viele Fragen, die der Krieg jetzt ausgelöst und erhoben hat, und für die wir in den Briefen Pauli keine Anklänge, keine Parallele finden können: für die nationale Erhebung, den Kampf gegen das fremde Wort und die fremden Moden, die Mahnung an unsre Kriegerfrauen, die »Tornister ihrer Männer nicht noch mehr zu beschweren« durch Klagen und Jammern, für Einfachheit der Lebenshaltung, für Goldschatz, Goldablieferung und Reichskriegsanleihe, Kriegerdenkmäler und Ehrenhaine, Wohnungsnot und Kriegerheimstätten und vieles ähnliche noch, was heute eines Lesers und Gemeindegliedes Herz bewegt. Über den Lebensmittelwucher gerecht zu denken und zu schreiben, ist nicht leicht: es ist nicht alles Wucher, was aus natürlichen volkswirtschaftlichen Gesetzen entspringt. Und es fehlen uns Pfarrern, die wir nicht Nationalökonomie studiert haben, Kenntnisse und Erfahrungen darin. Wo wir aber einmal offenbaren Wucher sehen, da geißle man ihn ungescheut. Vor allem hüte man sich, die Schuld auf die Bauern allein zu schieben, Handel und Industrie sind ebenso schuldig, und nicht ohne Schuld ist der

Staat, der zu Kriegsbeginn viele Produkte zu unerhörten Preisen aufkaufte und so die allgemeine Teuerung eröffnete. So müssen wir auch vorbeugend in den Heimatglocken arbeiten und schreiben, auf die Ziele und Aufgaben des Friedens hin schon in der Kriegszeit, in Hoffnung aufs Reich und Volk Gottes. Und auch nach dem Kriege werden unsre Heimatglocken noch mehr für die höchsten Güter des deutschen Volkes einzutreten haben, in den gesteigerten Aufgaben und Gegensätzen der Zukunft, im Parteitreiben des neuen Deutschland Worte des Trostes, der Ermahnung, des Friedens und der | [4] Versöhnung reden müssen. Sie waren nötig im Kriege. Man hat das Wort geprägt: wenn sie nicht schon dagewesen wären, hätte man sie jetzt erfinden müssen. Sie haben mitbesiegen helfen die Entfernungen und Entbehrungen des Krieges. Sie brachten Brot und wurden deshalb die geistliche Proviants- und Munitionskolonne genannt. Aber nach dem Kriege werden sie auch im neuen Frieden doppelt nötig sein. Und damit sind wir am Ende.

Ob diese mehr kirchlich publizistische Tätigkeit an den Heimatglocken große Erfolge erzielt? Ob die Religion dadurch zunimmt? Ob die Kirchen voller werden? Wer kann's sagen? Niemand. Und wir wollen auch so nicht einmal fragen. Wir arbeiten nicht des äußeren Erfolges, der Anerkennung und des Dankes willen; wir wollen's so wenig wie Paulus. Denn wir wollen nur dienen der Gemeinde, arbeiten an den Seelen und nicht verzweifeln! Vielleicht hätten wir auch hier oder dort gewisse äußere Erfolge aufzuweisen: manches Band zwischen Pfarramt und Gemeindeglied ist geknüpft, vor allem mit den Feldgrauen draußen, denen wir unsere Heimatglocken zuschicken. Auch die Liebestätigkeit hat sich infolge unsrer Heimatglockenarbeit gesteigert und der Gemeinde Gemeindebewußtsein. Aber laßt uns auch ohne den

Blick nach äußeren Erfolgen, Dank und Anerkennung unsren Gemeinden weiter dienen, die Heimatglocken mögen ruhig bleiben wie das Veilchen, das im Verborgenen bescheiden blüht und vieler Menschen Herzen erfreut! Unbekümmert, ob die leeren Kirchen sich gleich wieder füllen, laßt uns weiter die Heimatglocken läuten und den Gemeindegliedern ihre irdische Heimat wieder lieb und wert machen und ihre Herzen hinausweisen zur himmlischen. Unsern Dienst, unsere Tätigkeit laßt uns verrichten nach keinem bessern Maßstab als an der Person und Arbeit des Apostels Paulus, der auch hierin nicht als eine vergangene Größe, sondern als erste Größe der Gegenwart sich erweist. Daß er einfacher Pfarrer und kein Paulus ist, erfüllt jeden von uns mit Demut; daß wir aber doch Diener Gottes und Mitarbeiter Pauli auch in der literarischen Arbeit sein dürfen, richtet uns wieder freudig empor!

IV. Texte aus der vierten Ausgabe (15.03.1918)

IV.1 Paul Niese: Einladung nach Erfurt [Seite 1f.]

Zum sechsten Male wollen wir in diesem Jahre in Erfurt zusammenkommen. Ich möchte dazu Montag, den 27. Mai nachmittags 1 Uhr vorschlagen, und zwar wollen wir wieder im Erfurter Hof gegenüber dem Bahnhof tagen. Sollten gegen Tag und Ort gewichtige Bedenken bestehen, so bitte ich es mir recht bald mitzuteilen.

Voraussichtlich werden wir noch im Zeichen des Krieges tagen. Aber ich halte es für eine gute Aufgabe, wenn wir uns jetzt bei unserer Tagung über die Friedensaufgaben unserer Heimatglocken verständigen und aussprechen. Unsere Blätter haben im Kriege einen wichtigen Dienst tun dürfen, der uns mancherlei Mühe, aber auch große Freude bereitet hat. Aber wie sie einst in der Friedenszeit eine stille, gesegnete Mission geleistet haben, so werden sie erst recht für die kommende Friedenszeit einen großen und wichtigen Beruf haben. Ich habe Stimmen gehört, die äußerten, man wolle mit dem Frieden die Heimatglocken-Arbeit einstellen. Das darf unter keinen Umständen geschehen. Wir werden gerade in der Zukunft vor eine Fülle von schwerwiegenden Aufgaben uns gestellt sehen, bei deren Lösung uns unsere Blätter sehr willkommen sein müssen. Der Auf- und Ausbau unserer Gemeinden zu wirklich lebendigen Gemeinden, die sich äußerlich und innerlich um ihre Kirche sammeln, die Abwehr mancher kirchenfeindlichen Bestrebungen, die Vertiefung in das Evangelium, die Mitarbeit an den vielen Werken christlicher Liebe und evangelischen Lichtes und vieles andere werden uns beschäftigen und es uns dankbar empfinden lassen, daß wir in unsern Blättern ein Sprachrohr haben, durch das wir uns mit unseren Gemeinden verständigen können. Es mag keiner sich ängstigen, daß wir einen großen Abfall von Lesern zu gewärtigen haben. Es wird ja dadurch, daß unsere Krieger heimkehren, natürlich das Versenden der Exemplare ins Feld wegfallen und so ein Rückgang der Auflage eintreten. Aber wenn wir darauf halten, daß wir in unseren Blättern unseren Gemeinden wirklich Gutes, Herzliches, Gediegenes bieten, dann können wir zu dem christlichen und auch zu dem kirchlichen Sinn unserer Gemeinden, über die uns doch in der Kriegszeit manches tröstliche und verheißungsvolle Licht aufgegangen ist, das feste Vertrauen haben, daß ihr unsere Heimatglockenarbeit lieb und wertvoll bleibt. Ich habe Amtsbruder Köllein-Warza gebeten, die Besprechung über die Friedensarbeit unserer Blätter mit einem Vortrag einzuleiten, ich bitte aber schon jetzt die Teilnehmer, daß sie ihre guten Gedanken zu dem Thema uns nicht vorenthalten, damit wir rechten Gewinn für unsere Arbeit davontragen. Sodann wollen wir die Erfahrungen bei unserer Arbeit im letzten Jahre mit einander austauschen. Es ist erfreulich, daß auch in den letzten Monaten wieder manche neue Blätter wie in der Diözes Dornburg, in Elster a. d. Elbe entstanden sind, und andere, namentlich im Altenburger Lande, sich weiter ausgedehnt haben. Andererseits aber haben manche Blätter mit der Papiernot und anderen Schwierigkeiten zu kämpfen gehabt. Jedenfalls wird mancher manches gern zur Besprechung bringen. Ich möchte wünschen, daß die Vertrauensmänner auch dieses Jahr für die einzelnen Fürstentümer berichten, nämlich

Pfarrer Schubert, Streusdorf, für Sachsen-Meiningen,

Pfarrer Hüttenrauch, Klosterlausnitz, für Sachsen-Altenburg,

Pfarrer Köllein, Warza, für Sachsen-Gotha,

Pfarrer Siegel, Unterlauter, für Sachsen-Koburg,

Pfarrer Möller, Eichfeld, für beide Schwarzburg und

ich für Sachsen-Weimar.

Damit diese Herren aber einen guten und umfassenden Bericht geben können, bitte ich, daß bei Gruppenausgaben der Hauptschriftleiter und bei selbstständigen Ausgaben der Herausgeber derselben bis 1. Mai ds. Js. an die genannten Herren über folgende Punkte berichten:

1. Name des Gemeindeblattes. Bei Gruppenausgaben Angabe, wie viel Einzelausgaben und für welche Kirchspiele jede Einzelausgabe bestimmt ist.

2. Höhe der Auflagen im April 1914, 1915, 1916, 1917, 1918.

3. Sonstige Mitteilungen über Druckkosten, Papiernot, Höhe des Lesegeldes, gute und böse Erfahrungen in der Kriegszeit usw. sind sehr erwünscht.

Es wäre gut, wenn jeder sich angelegen sein ließe, bald und recht eingehend zu berichten. Wir möchten so gern einmal in unseren Mitteilungen eine zuverlässige Übersicht über unsre Thüringer Blätter geben, wie es bisher trotz aller Bemühungen uns noch nicht möglich war. Es ist das aber nur dann möglich, wenn jeder der Beteiligten dazu an seinem Teile mithilft.

Wir werden sodann in Erfurt noch über den Anschluß an den Verband der Evangelischen Sonntagspresse Deutschlands, über unsere Mitteilungen, unsere Kasse zu verhandeln haben. Sehr lieb aber wäre es mir, wenn man mir schon vorher recht viele Wünsche und Fragen mitteilen möchte, über die wir noch verhandeln könnten.

Ich werde anfangs Mai die Einladungen ergehen lassen,

bitte aber schon jetzt darum, daß recht viele Thüringer Heimatglöckner sich einstellen und manche Freunde mitbrin-
gen möchten.

Bei den Raiffeisentagungen ist es üblich, daß die einzelnen Vereine für ihre Verwaltungsorgane, die sonst ehrenamt-
lich den Vereinen dienen, die Reisekosten zu den Verbandstagungen übernehmen. So finde ich es auch nur billig, daß,
wenn die Heimatglockenkasse dazu in der Lage ist, diese auch
die Reisekosten nach Erfurt für ihren Herausgeber trägt, der
doch sonst [2] ohne Entschädigung die Heimatglockenarbeit
leistet. Können doch die Anregungen und der Meinungsaus-
tausch, den wir in Erfurt pflegen, auch den Heimatglocken in
mancherlei Weise wieder zugute kommen. Vielleicht wird es
dadurch recht vielen möglich, mit nach Erfurt zu kommen.
Je besser besucht unsere Tagung ist, um so mehr können wir
von einander und für einander lernen.

IV.2 Paul Niese: Der Verband der deutschen evangelischen Sonntagspresse [Seite 2]

Bei einer Tagung der Schriftleiter und Verleger der Sonntagsblätter Deutschlands, die am 20. und 21. Juli 1917 in Wernigerode stattfand, hatte man sich auch damit beschäftigt, eine
engere Vereinigung durch Gründung eines deutsch-evange-
lischen Sonntagsblattvereines zu erzielen. Nach mancherlei
Vorarbeiten wurde am 13. November in Berlin dieser Gedanke
verwirklicht. Es waren zur Gründungsversammlung etwa 50
Vertreter der evangelischen Sonntagsblätter erschienen. Man
einigte sich zunächst dahin, daß der Verband den Namen
führen soll: »Verband der deutschen evangelischen Sonntagspresse«. Der Zentralausschuß für Innere Mission hatte bereits
eine Zentrale für Sonntagsblätter ins Leben gerufen. Infolge

von freundschaftlich geführten Verhandlungen war diese Zentrale aufgelöst und der Verband der Sonntagsblätter vom Zentralausschuß anerkannt worden. Nach dem 1. Paragraph der Satzungen, welche bei der Tagung am 13. November angenommen wurden, hat der Verband den Zweck, »die Schriftleiter und die Verleger der evangelischen Sonntagspresse (Sonntagsblätter, Gemeindeblätter, Evangelisations- und Erbauungsblätter usw.) zu gemeinsamer Arbeit zusammenzuschließen und sie so in ihren Aufgaben zu stärken und zu fördern.« Mitglieder des Vereins können die in § 1 genannten Schriftleiter und Verleger werden. Der Mitgliederbeitrag wird von dem Mitgliedertag beschlossen. Außerdem können Freunde des Vereins mit beratender Stimme

a) Vereine und Körperschaften werden, die einen Jahresbeitrag von mindestens 10 M. zahlen,

b) einzelne Personen, die einen Jahresbeitrag von mindestens 2 M. zahlen.

Der Verein hat seinen Sitz in Oldenburg i. Gr. Die übrigen Paragraphen der Satzungen behandeln dann die Pflichten und Rechte des Vorstandes, des Verwaltungsrates, des Mitgliedertages usw. Als Vorsitzender des Verbandes wurde Pastor lic. Füllkrug-Berlin gewählt, während Pastor Lindemann-Oldenburg Geschäftsführer ist.

Ich habe die Begründung des Verbandes mit Freuden begrüßt. Schon seit Jahren wollte der Evangelische Preßverband für Deutschland eine Zentrale für die Gemeindeblätter beschaffen. Aber soviel ich weiß, ist es beim guten Willen geblieben. Ich weiß recht gut, daß mancher liebe Amtsbruder von solchen Verbänden und Vereinigungen herzlich gering denkt. Sonst wäre es nicht so schwer, unseren Thüringer Verband zu wirklicher Geschlossenheit zu bringen. Aber wer seit manchem Jahre mit der Schriftleitung unserer Gemeindeblätter sich befaßt, der weiß, daß es einen großen Zweck hat, wenn ein lebenskräftiger Verband dazu dient, unsere Arbeit immer fruchtreicher zu gestalten. Er könnte eine gediegene Korrespondenz schaffen, zur Beschaffung von Bildstöcken behilflich sein, und vor allem durch gemeinsame geschlossene Wahrnehmung unserer Interessen nötigenfalls eine ganz andere Wirkung ausüben, als es der Einzelne mit allen gutgemeinten Bemühungen vermag.

Eine solche Wahrnehmung unserer Interessen aber macht jetzt die Papiernot nötig. Ich muß anerkennen, daß der Verband in dieser Hinsicht sich bisher alle erdenkliche Mühe gegeben hat. Freilich hat er dabei für die wöchentlich erscheinenden Sonntagsblätter manches erreicht, nämlich, daß sie hinsichtlich der Druckpapierpreise den Tageszeitungen gleichgestellt werden, während die Bemühungen für unsere Monatsblätter bisher noch nicht den erwünschten Erfolg hatten. Wir haben um etwas zu erreichen und unsere Gruppenausgabe für den Neustädter Kreis besonders kenntlich zu machen, noch das Beiwort »Osterländische« Heimatglocken beigefügt. Wir glaubten auch der Forderung 15–20 % Zeitnachrichten zu bringen gerecht zu werden, da wir doch solche zu Genüge in unserem lokalen Teile bringen. Allerdings versteht man unter den Zeitnachrichten, wie mir jetzt mitgeteilt wird, eine politische Wochenschau. Die werden wir aber bei der Eigenart unserer Blätter nicht noch bringen können, wenn auch manche Gemeindeblätter etwas ähnliches bringen. Ich möchte aber solche Rundschau mehr den Tageszeitungen überlassen, die bei ihrem alltäglichen Erscheinen dafür mehr Raum haben. Wenn also bisher in der Papierfrage der Verband für uns noch keine positiven Erfolge erzielt hat, so kann es doch nicht ohne Wert sein, daß auch wir für unsere Papiernöte in dem Verband ein Sprachrohr besitzen, das kräftiger als es der

Einzelne vermag, unsere Sorgen bei der Kriegswirtschaftsstelle für das deutsche Zeitungsgewerbe vortragen kann.

Freilich, was viele abhalten wird, dem Verband beizutreten, ist die Höhe des Beitrages für ein ordentliches Mitglied. Derselbe besteht nämlich aus dem arithmetischen Mittel von einer 1 Pfg.-Abgabe für das Kilogramm des jährlichen Papiergewichtes und von $^1/_2$ Prozent der Jahreseinnahme aus dem Lesegeld. Solchen Beitrag können wohl die eigentlichen Sonntagsblätter leisten, aber für unsere sehr bescheidenen Mittel ist er zu hoch. Unser Lesegeld ist zumeist so eingerichtet, daß wir nicht auskommen würden, wenn wir nicht von den guten Freunden unserer Blätter in sehr erfreulicher Weise unterstützt würden. Ich habe z. B. bei meinen Weidaer Heimatglocken 1917 766,75 M. Lesegeld eingenommen und noch 1409,28 M. Geschenke und Beihilfen gebraucht, um zwischen Einnahme und Ausgabe das Gleichgewicht herzustellen. Wir können also zumeist nur als Freunde dem Verbande mit einem Beitrage von 10 bezw. 2 M. beitreten.

Bisher sind mir von dem Verband zwei volkstümliche, feinsinnige Artikel von Prof. D. Schöll über die Fragen: »Wo bleibt die Gerechtigkeit Gottes?« und »Beten, was hilfts?« zugegangen. Ich hätte sie gern abgedruckt, aber es kostet je ein Artikel 9 M., beide zusammen 15 M. Das war mir etwas zu teuer bei meinem Etat.

Nach meinem Dafürhalten dient der Verband nach seinem Namen und seiner bisherigen Entwicklung in erster Linie den Sonntagsblättern. Es hatten sich zunächst ihm 55 Verleger und Schriftleiter angeschlossen, die etwa 100 Sonntagsblätter mit einer Gesamtauflage von 2495745 Exemplaren vertraten. Aber er will auch unseren Gemeindeblättern dienen. Das wird aber auch davon abhängen, wie viel Herausgeber von solchen sich anschließen.

Ich möchte darum bitten, daß man diese Frage freundlichst in unserem Kreise in Erwägung zieht. Wir wollen darüber in Erfurt verhandeln. Es wäre mir lieb, zu erfahren, ob noch andere Herren in Thüringen sich dem Verband bereits angeschlossen haben, und welches Urteil sie über den Verband haben. Wer sich anschließen will, wende sich an den Verband der evangelischen Sonntagspresse Deutschlands in Oldenburg i. Gr., Katharinenstraße 3.

IV.3 Johann Thöllden: Austausch [Seite 3]

Freund Göpfert war wieder einmal als Gast bei mir eingekehrt, einen Tag hatte er doch von seinem kurzen Feldurlaub für den Freund freigehalten. Nun wanderten wir der Heimat froh die Höhe hinter dem Pfarrgarten hinauf und blickten herab auf Dorf und Kirche. Im Felde Erlebtes und Erarbeitetes wachte beiderseits im Herzen auf und begegnete sich. Auch darauf kamen wir zu sprechen, was unsere Feldgrauen draußen lesen wollen. Ja, was? Geistliches und Weltliches, je nach Bedarf! Nur eins nicht, den Krieg! Sie wollen durch ihre Bücher aus der harten, grausamen Wirklichkeit, die sie Tag und Nacht umgibt, einmal herausgeführt werden in die Stille des Lebens, wie es einst war, oder aber in die Stille des ewigen Gottesreiches. Auch nach dieser Stille sehnen sie sich, nur eins fordern sie von ihren Büchern und Blättern, sie sollen ehrlich sein. Sie könnens nicht recht vertragen, wenn Geistliches sich in weltliches Gewand kleidet in der Hoffnung, so am leichtesten Eingang zu finden in die Köpfe und in die Herzen. Sie wollen sich nicht unter falscher Maske fangen lassen für irgend eine Sache! Wo sie diese Absicht durchfühlen, da werden sie verstimmt und wenden sich ab! Es soll jeder,

der im gedruckten Wort zu ihnen redet, halten, was er verspricht, dann schenken sie ihm Liebe und Vertrauen!

Ob unsere Heimatglocken darin vor ihnen bestehen? Heimatglocken, das heißt doch: wir wollen Euch durch die Erdenheimat zur ewigen Heimat führen, heimatlich sollt Ihr Euch fühlen zwischen unsern schwarzweißen Papiermauern, so recht zu Hause! Heimatliches soll Euch grüßen aus Vergangenheit, Gegenwart und Zukunft! Fühlen aber sollt Ihrs auch, wie in der Heimat Euch Gott grüßt und ruft! – Heimgekehrt von kurzer Wanderung setzen wir uns zusammen und halten Umschau in den Austauschnummern der letzten beiden Monate. Die eigne Nummer will schon nicht recht Stand halten vor dem Richterspruch des Freundes, der mit den Augen und dem Herzen des Feldgrauen prüft. Hat die Heimat nicht mehr zu sagen? Wie packts das Herz, wenn gleich aus dem Kopf Heimataugen leuchten im Bilde der Heimatkirche! Nachahmenswert ist das in den meisten Blättern der Gothaischen Gemeinden verwirklicht. So recht warm und froh wird's einem ums Herz, auch dem Fremden, wenn er all diese eigenartigen Dorfbilder vor sich sieht! Wie sich diese Frage auch für einen ganzen Bezirk lösen läßt, zeigen uns seit Weihnachten die »Heimatklänge aus dem Weimarischen Kreis« mit ihrem Heimatbild von Ettersberg, das recht sprechend beide Gedanken versinnbildlicht: Heimattreue und Gottessegen! Der besondere Charakter geht dann aber oft schon verloren mit dem Gedicht, das vielfach den Text krönt! Wo der Dichter der Heimat angehört und den Lesern vielleicht schon durch die Schule bekannt ist, da mags noch gehen. So ist gewiß gegen das »Hindurch mit Freuden« des Kurfürsten Joh. Friedrich des Großmütigen nichts einzuwenden, aber wie oft sind diese Gedichte auch im Text, mögen sie an sich noch so wertvoll sein, in diesem Zusammenhange eben doch nur

Füllsel! Weit mehr Recht hat an erster Stelle für heute doch wohl die Ehrentafel der Gefallenen. Auch sonst begegnen beim Durchblättern reichlich viel solcher Füllsel, Artikelchen mancherlei Art, bei denen nicht die Feder, sondern die Schere gearbeitet hat. Feine, gute Gedanken, die da lebendig werden, aber sie bedeuten für den Leser eben doch eine gewisse Enttäuschung, denn er hatte etwas anderes erwartet. Auch die rein religiösen Abschnitte sind oft so geartet, daß sie ähnlich in jedem anderen kirchlichen Blatte gelesen werden können und nicht so, daß der Leser das Gefühl hat, hier sitzest du für eine kurze Weile unter deiner Heimatkanzel! Sehr wenig werden wirtschaftliche Fragen der Heimat behandelt z. B.: »Was leistet unser Dorf, unser Bezirk durch seine Landwirtschaft, seine Industrie, seinen Wald usw. über seine eignen Grenzen hinaus für den Krieg?« Die Leser draußen und daheim müssen das Blatt zur Hand nehmen in der Gewißheit, daß sie hier etwas erfahren, was sonst nirgends zu lesen steht! Der gute Wille hierzu ist ja auch ohne Frage überall da, aber von Seiten aller Herausgeber wird wohl auch Klage darüber laut, daß sie so allein stehen in ihrer Arbeit. Daran scheitert immer wieder die Ausführung! Ich habe so den Eindruck, als würden die Heimatglocken doch von der Gesamtheit der Amtsbrüder nicht ernst genug genommen!

Aber nicht nur der Inhalt tuts, das Wie fällt bei unserer Arbeit gerade so schwer ins Gewicht. Das fühlt jeder, der sich einmal die Zeit nimmt, die verschiedenen lokalen Teile zu prüfen. Dort eilt man rasch über diese letzte Seite hinweg: Nachrichten, Neuigkeiten, die den Einheimischen vielleicht »interessieren«, wenn er sie nicht schon aus den Briefen seiner Angehören erfahren hat, die aber nicht packen: hier aber liest sich auch der Fremde fest, weil man das Gefühl hat, hier hat ein Pfarrer seiner weitverstreuten Gemeinde etwas Besonderes zu sagen. Nachrichten interessieren vielleicht, aber ein guter Brief packt!

So kann der Austausch recht wohl helfen in der Heimatglockenarbeit. Freilich nur dann, wenn wir nicht eine Stoffquelle in ihm sehen, aus der man bequem schöpfen kann, sondern einen Führer, der jedem, der lernen will, neue Wege in seiner Arbeit zeigt! Möge seine Hilfe recht vielen zum Segen werden!

IV.4 Paul Niese: Gemeindeblatt und Politik [Seite 3]

Gemeindeblatt und Politik ist eine Frage, die uns auch einmal auf einer Tagung beschäftigen könnte, und die jetzt recht brennend geworden ist. Einen kleinen Beitrag zu dieser Frage fand ich in einem Aufsatz von Pfarrer Carmesin-Bottschow mit dem Titel: Zur Gemeindeblattfrage. Der Aufsatz ist in der Monatsschrift »Die Innere Mission im evangl. Deutschland« erschienen und dann besonders gedruckt worden. In ihm heißt es: »Gehört Politik in ein Gemeindblatt? Die Frage läßt sich meines Dafürhaltens weder mit einem glatten Ja noch mit einem runden Nein beantworten. Die Politik hat eine doppelte Seite; auf der einen Seite steht das Ethische, das Nationale, auf der anderen das Wort: Partei. Parteipolitik gehört nun sicherlich nicht in ein Gemeindeblatt, am wenigsten in ein kirchliches Gemeindeblatt. Einmal, weil die Kirche sich niemals mit irgend einer Partei – auch nicht der konservativen – identifizieren oder auch nur verquicken darf, und sodann, weil das Gemeindeblatt zu allen reden will, für alle in der Gemeinde da sein soll, auch für die, die einer anderen politischen Partei angehören, als der Herausgeber des Blattes. Nimmt man die Parteipolitik mit hinein in sein Gemeindeblatt, so darf man sich nicht wundern, wenn die

Leserzahl nicht die Höhe erreicht, die sie erreichen könnte, und [das Blatt] nicht das Vertrauen findet, das die Voraussetzung seiner Existenz ist. Anders liegt es mit dem Ethischen, dem Nationalen, das mit dem Wort Politik gegeben ist. Unser Volk zu politischer Reife erziehen helfen, ist eine notwendige, auch im Interesse des Evangeliums liegende Aufgabe. Der ethischen Korruption zu steuern, die so oft, namentlich bei Wahlen, sich breit macht, ist eine dankenswerte Tat. Nationalen Sinn zu fördern, ist Pflicht dessen, der das Wirken Gottes an der Gestaltung unserer Nation vor Augen hat. Also diese Seiten der Politik dürfen sicherlich im Gemeindeblatt zur Aussprache kommen.«

IV.5 PAUL NIESE: EINIGE RANDBEMERKUNGEN ZUM ÖRTLICHEN TEIL [SEITE 4]

Ein wesentlicher Unterschied zwischen Sonntagsblatt und Gemeindblatt besteht nach meinem Dafürhalten darin, daß die Sonntagsblätter in erster Linie dazu bestimmt sind, denen den sonntäglichen Gottesdienst zu ersetzen, die an seinem Besuch durch den Beruf, Krankheit usw. verhindert sind. Dagegen wollen unsre Gemeindeblätter nur Glocken sein, die zur Kirche rufen und ermuntern, an dem Gottesdienst teilzunehmen. Daher wird das Erbauliche in ihnen etwas zurücktreten. Aber es sollen doch unsere Blätter nicht bloß den sogenannten Kirchenzettel bringen, d.h. sagen, wann und wo die Gottesdienste, die Abendmahlsfeiern usw. stattfinden, welche besonderen gottesdienstlichen Feiern geplant sind. Sondern ich halte es für sehr erwünscht, daß unsere Blätter auch über die gehaltenen Gottesdienste wenigstens da und dort etwas zu sagen wissen. Ein Wort über die Texte, die behandelt werden, über die Hauptgedanken der Predigten bei besonderen Veranlassungen, an den großen Festtagen, am Kirchweih- und Erntefesttag, zum Reformationsfest und am Bußtag usw., etwas über die Lieder, die gesungen werden, kann nur das Verständnis unsrer Gemeinden für das gottesdienstliche Leben mehren und ihr Gedächtnis stärken. Die bloße Angabe des Textes wird in vielen Fällen deshalb keinen besonderen Wert haben, weil doch ein größerer oder kleinerer Teil der Gemeinde die Stelle nicht in seiner Bibel aufschlagen wird. Es ist so nötig, unsere Gemeinden zu größerer innerer Teilnahme am kirchlichen Leben zu erziehen. Benutzen wir dazu nach Möglichkeit unsere Heimatglocken! – Sodann las ich wieder in einer der Heimatglocken etwas vom »Herrn« Lehrer oder »Herrn« Bürgermeister, während dicht daneben andere Männer ohne das Beiwort »Herr« erwähnt waren. Das führt leicht zu Unannehmlichkeiten. Ich meine, man muß entweder immer »Herr« setzen oder immer es weglassen. Die meisten Tageszeitungen verzichten auf das Beiwort »Herr«. Ich halte das auch für unsre Blätter für nachahmenswert. Wir sind zumeist mit dem Raum so beengt, daß wir uns sehr knapp fassen müssen und schon aus diesem Grunde auf das »Herr« verzichten können. – Sehr wichtig ist es, daß wir durch unser Blatt unsere Gemeinden nicht bloß über den Zweck der einzelnen Kollekten aufklären und sie zu reichlichem Geben ermuntern, sondern ihnen auch das Ergebnis der Sammlungen mitteilen. Wer letzteres tut, wird sehen, wie die Gebefreudigkeit in der Gemeinde wächst und das Misstrauen schwindet, dem sonst das Sammeln nur zu sehr begegnet. Auch eine eingehende Besprechung der Kirchrechnungen und sonstiger Rechnungsbeschlüsse eignet sich sehr gut für die Heimatglocken. Es gehen oft in den Gemeinden sehr merkwürdige Anschauungen über die Reichtümer unsrer Kirchen um, und es ist für sie ganz heilsam, wenn sie die

Reichtümer unsrer Verhältnisse kennen lernen und erfahren, was die Kirchkasse braucht, und wie sie sie verwendet.

V. Texte aus der fünften Ausgabe (15.06.1918)

V.1 Johann Thöllden: Unsere Erfurter Tagung [Seite 1f.]

Ihren sechsten Geburtstag durfte unsere Arbeitsgemeinschaft feiern, als wir Thüringer Heimatglöckner uns am 27. Mai im Erfurter Hof in Erfurt wieder zusammenfanden zu gemeinsamer Beratung, und als unser geistiger Vater, Superintendent Niese, kurz nach 1 Uhr die Tagung eröffnete, da überkam uns alle doch etwas wie Heimatfreude. Wir fühltens alle, wir gehören zusammen dank der Arbeit, die wir in unsern Heimatglocken tun, und wir fühltens weiter, wie diese Arbeit uns in steigendem Maße zu einer Herzenssache geworden ist, zu einem wertvollen Teile unserer geistlichen und kirchlichen Tätigkeit. Gefreut hats uns, daß neben 85 Mitarbeitern auch vier Ehrengäste erschienen waren: Geh. Kirchenrat Krippendorf-Bieselbach, Geh. Kirchenrat D. Müller-Gotha, Professor Sohnrey-Berlin und Superintendent v. Lüpke. Die Tatsache, daß unsere Arbeit, die doch nicht zuletzt unserer evangelischen Kirche dienen will, von den Vertretern zweier Landeskirchen so anerkannt wird, kann beiden nur von Segen sein, und wir danken für solche offenkundige Anteilnahme den beiden Herrn Kirchenräten ebenso herzlich wie den beiden Führern der Heimatpflege und der Dorfkirchenbewegung, mit denen wir uns ja so eins wissen in unsern Zielen. Der treue Ekkehard der Gothaer Heimatglocken, Pfarrer Köllein-Warza, gab diesmal unserer Beratung Inhalt und Richtung mit seinem Vortrag über: »Die Friedensaufgaben der Heimatglocken«. Es waren Zukunftsklänge, die er ertönen ließ, aber ohne die Gewißheit, daß die Zukunft unser ist, können wir ja nicht leben. Wir wollens darum dem Vortragenden danken, daß er uns in dieser Gewißheit bestärkt hat. Wer je in seiner Arbeit nur einen Kriegsdienst gesehen hat und damit ein zeitlich begrenztes Werk, der ist in jener Stunde eines Besseren belehrt worden und hat all die wehmütigen Bedenken überwunden, mit denen er an eine Weiterführung in den Frieden hinein gedacht hatte. So gewiß unsere Kirche in der Neugestaltung aller äußeren und inneren Lebensformen, der wir mit dem Frieden entgegengehen, alle Kräfte zusammennehmen muß, um sich selbst zum Segen unseres Volkes zu behaupten, so gewiß wird sie in diesem Kampfe dieser Waffe nicht entbehren können, dann noch viel weniger als heute. Denn, das hat uns der Krieg gelehrt, es gibt kaum ein brauchbareres Mittel, sich der ganzen Gemeinde vernehmlich zu machen, und keinen sichereren Weg, an die Herzen aller heranzukommen, als unser Gemeindeblatt. Nur darauf kommt alles an, daß wir diese heilige Waffe allezeit scharf erhalten, daß wir vor allem unser Blatt nicht zu einem Allerwelts- und Alltags-Nachrichtenblatt herabsinken lassen, nach Art der »Kleinen Presse«, über deren Hebung und Beeinflussung Archidiakonus Kirchner-Saalfeld an demselben Nachmittag noch so beherzigenswerte Worte sprach. Darauf kommts an, daß wir hier nicht nur Neuigkeiten, nicht nur »Interessantes« geben, sondern in jeder Zeile unser Bestes, unsere ganze Persönlichkeit, unser Herz. Wir wissen ja alle, wie sehr es gerade darauf ankommt, aber es ist gut, wenn es uns wieder einmal gesagt wird, und wenn wir im Austausch lesen, wie das anderen mehr oder weniger gelingt. Dazu will er ja vor allem dienen, denn als Stoffquelle erübrigt er sich für den rechten Heimatglöckner von selbst, weil er eher an Stoffüberfluß als an Stoffmangel leidet, und weil es hier bedenklicher ist als sonstwo, hamstern zu gehen. Köllein hat uns da Gewissen und Geist wieder einmal wohltuend geschärft. Die Besprechung zeitigte einmütige Zustimmung zu dem Gesagten und führte nur dazu, das Wichtigste zu unterstreichen und hervorzuheben. Wertvolle Anregungen wurden noch gegeben bezüglich des Bildschmuckes unserer Blätter. Vor allem sollte in keinem Blatte das Bild der Heimat am Kopfe fehlen. Wie da auch mit den bescheidensten Mitteln wirklich Schönes geschaffen werden kann, das zeigten viele der von Köllein und Niese gesammelten und vorgelegten Kopfstücke, und es sollte doch jedem Herzenssache sein, das eigene Blatt in ein solch würdiges Heimatgewand zu kleiden! Aber auch für wechselnden Bildschmuck im Hauptteil kann leicht gesorgt werden. Bildstöcke, besonders nach den so ansprechenden Entwürfen unserer Mitarbeiterin, Frau Pfarrer Tittmann-Isserstedt, stehen schon zur Verfügung und andere mehr. Freilich – eine Vorbedingung bleibt, erst muß die Papiernot überwunden werden, mit der alle Blätter zu kämpfen haben, an der aber keins von ihnen gescheitert ist. Um ihr zu steuern, wird auf Anraten von Professor Sohnrey beschlossen, in einer Denkschrift dem Reichsamt des Innern die Bedeutung unserer Sache für das Vaterland darzulegen. In den Dienst des großen Ganzen sollen unsere Blätter auch dadurch treten, daß auf Antrag von Pfarrer Leiske-Ulla ihre Spalten der Kriegerheimstättenbewegung geöffnet werden. Im weiteren Verlauf der Tagung erstatteten die Herausgeber der Hauptblätter Bericht über den Stand der Arbeit in den einzelnen Landeskirchen Thüringens und zwar: für S.-Altenburg Pfarrer Hüttenrauch-Klosterlausnitz, für S.-Coburg Pfarrer Siegel-Unterlauter, für S.-Gotha Pfarrer Köllein-Warza, für beide Schwarzburg Pfarrer Möller-Eichfeld und für S.-Weimar Superintendent Niese-Weida, letzterer auch noch kurz für die nicht vertretenen Thüringer Kirchen. Wenn auch die Auflagen im Ganzen infolge der

Papiernot nicht haben vergrößert werden können, so darf doch überall festgestellt werden, daß die Blätter in den Heimatgemeinden wie in den Feldgemeinden Boden gewonnen haben, daß sie überall unentbehrlich geworden sind, und daß sie in Landeskirchen, wie der Altenburgischen, wo sie bisher vielfach als unwillkommene oder unbequeme Eindringlinge betrachtet wurden, festen Fuß gefaßt haben. Nur in Sondershausen scheint man ihnen von Seiten der Pfarrer noch ablehnend | [2] gegenüber zu stehen. Einzelheiten über den Stand der Sache wird ein Sonderbericht geben. Jedenfalls durften wir dem Gehörten die Gewißheit entnehmen, wir sind mit unserer Arbeit auf dem rechten Wege, und wir dürfen sie um Gottes und unserer Gemeinde willen nie ruhen lassen. Um ihretwillen sollen auch die Mitteilungen wie bisher vierteljährlich weitererscheinen. Dank des geschlossenen Beitritts der Gothaer Heimatglöckner ist ihr Bestand vorläufig auch gesichert, und bitten wir dringend auch die andern, das kleine Opfer des Beitritts zu bringen. Jede Sache braucht ja Opfer um leben zu können, und ich meine, die unsere ist des Opfers wert. Was sie uns wert ist, haben wir in Erfurt wieder gefühlt, und es war uns darum aus dem Herzen gesprochen als unser Vorsitzende schloß mit einem: »Auf Wiedersehen im kommenden Jahr wieder hier in Erfurt!« Unsere Heimatglocken aber haben, denke ich, den Dorfkirchentag, der sich unserer Tagung anschloß, würdig eingeläutet!

V.2 Hans Köllein: Friedensaufgaben der Heimatglocken [Seite 2f.]

Thöllden hat auf unserer Versammlung im vorigen Jahre »die Heimatglocken als Dienst der Heimatgemeinde an der Feldgemeinde« gewürdigt. Ihr Ursprung ist zwar nicht in

Forderungen zu suchen, welche erst der Krieg gestellt, wohl aber besonders fühlbar gemacht hat. Die Zahl der Heimatglocken und ähnlicher Blätter betrug nach den in dieser Versammlung gemachten Mitteilungen in Tausenden für das Großherzogtum Weimar etwa 70, für die Herzogtümer Altenburg 4,1, Coburg 14,4, Gotha 20, Meiningen 25,7, die beiden Fürstentümer Schwarzburg 11, für ganz Thüringen zusammen etwa 145 Tausend monatlich, was eine Zunahme im dritten Kriegsjahre von etwa 5000 bedeutet, während ihre Zahl vor dem Kriege auf 40-50 Tausend geschätzt wurde. Im Laufe des Krieges hat sich die Auflage also etwa verdreifacht. Viele Ausgaben sind erst im Kriege entstanden, so die meisten Heimatglocken, welche im Herzogtum Gotha erstmalig 1915 auf Anregung des Pfarrvereins erschienen sind mit Ausnahme des Evangelischen Gemeindeblattes der Stadt Gotha, welches 1897 von Oberpfarrer Oskar Müller begründet wohl als das älteste Gemeindeblatt in Thüringen anzusprechen ist, des »Aus Heimat und Kirche«, welches seit 1905 für Neukirchen Pfarrer Hort herausgibt, eines anderen mit dem Tode des Pfarrers Kuntz wieder erloschenen Gemeindeblattes für Bischleben, eines ebenfalls eingegangenen Blattes des Pfarrers Senffleben für Sonneborn, der seit 1911 von Pfarrer Bäthke hinausgesandten Heimatgrüße aus Georgenthal, der im Anschluß an die Ilmenauer Heimatglocken seit 1913 für Gera und seit 1914 für Manebach und für Elgersburg erscheinenden Heimatglocken. Durch den Krieg sind veranlaßt die selbständigen Ausgaben des Pfarrers Engert für Gräfenroda, Liebenstein und Frankenhain, die für die beiden Ortshälften, die Weimarische und die Gothaische, gemeinsamen »Grüße aus Ruhl«, die »Grüße aus dem Oberen Werratal«, welche mit für Frankenroda gelten und die »Heimatglocken für Nazza und Hallungen«. Auch in dem letztverflossenen Jahre ist das

Grundblatt des Pfarrvereins von zwei weiteren Orten angenommen worden, ohne daß für die weitere Ausbreitung der Heimatglocken in den Gemeinden mit Rücksicht auf die Schwierigkeit der Papierbeschaffung und der Drucklegung besonders geworben worden wäre. Ganz ähnlich dürften die Verhältnisse in den übrigen landeskirchlichen Gebieten Thüringens liegen. Das Bedürfnis mit den der Heimat entrissenen Gliedern in Verbindung zu bleiben ist je länger der Krieg dauert, um so dringender geworden, und nur die Schwierigkeit, es unter den obwaltenden Umständen zu befriedigen, erklärt es, daß die Verbreitung der Heimatglocken nicht größere Fortschritte gemacht, in einzelnen Fällen sogar zurückgegangen ist. Immerhin hat der Krieg, welcher der Zeit sein Gepräge gibt, auch auf die Heimatglocken bestimmend eingewirkt. Die Heimatglocken sind, wie die Verhältnisse zur Zeit liegen, in erster Linie ein Dienst, welchen die Heimatgemeinde der Feldgemeinde erweist, und wir haben allen Grund dies zu belohnen, um unseren Heimatglocken über die Schwierigkeiten hinwegzuhelfen, die ihnen aus demselben Kriege, der ihren Aufschwung gefördert hat, erwachsen. In einer Eingabe, die ich des Papieres wegen an die Kriegswirtschaftsstelle für das deutsche Zeitungsgewerbe zu machen genötigt war, habe ich deshalb gesagt: »Das Eingehen dieser Gemeindeblätter würde die Pfarrer des einzigen Mittels berauben, um mit ihren im Felde stehenden Gemeindegliedern in Verbindung zu bleiben und auf sehr zahlreiche Gemeindeglieder, die nicht oder nicht regelmäßig am Gottesdienste teilnehmen, einen religiösen und vaterländischen Einfluß ausüben zu können.« Diese von einem Belegstück der bisher erschienenen Nummern begleitete Begründung ist auch nicht ohne Erfolg geblieben, denn am 15. Mai erhielt ich nach weiteren Verhandlungen die Antwort:

»Wir erklären uns hierzu (zur Freigabe von Druckpapier im Wege der Ausnahmebewilligung) in Würdigung der wertvollen Eigenschaften Ihrer Zeitschrift bereit und erbitten die Angabe, wie oft die Zeitschrift erscheint usw.«

Wir haben also, wenn wir unsere Heimatglocken durch die Kriegsnöte hindurch in den Frieden hinüberleiten wollen, allen Grund, ihre Bedeutung für die Pflege eines starken vaterländischen und religiösen Geistes während der Kriegszeit, also ihre Kriegsaufgaben zu betonen.

Aber wie wir den Krieg nicht als einen dauernden, sondern als einen vorübergehenden Zustand betrachten, der je früher desto besser überwunden werden muß, so können wir auch die kriegerischen Aufgaben der Heimatglocken nicht als die wesentlichen bezeichnen, mit deren Erfüllung sie stehen und fallen, sondern als solche, die sie nur der Not gehorchend übernommen haben, um sich, wie der im Heeresdienst stehende Bürger, wenn die Kriegsnot überwunden ist, wieder den Friedensaufgaben zuzuwenden, denen sie vor dem Kriege gedient haben. Sie sind ja doch in ihren ersten Ursprüngen nicht Kinder des Krieges, sondern des Friedens, Friedensbedürfnissen entsprungen und Friedensbedürfnissen dienend. Nur sind diese Bedürfnisse vor dem Kriege nicht überall bereits so stark empfunden worden, daß sie zur Gründung von Heimatglocken geführt hätten, oder es fehlte, wenn auch die Pfarrer erkannten, welchen Dienst ihnen bei ihren Aufgaben ein Gemeindeblatt leisten könnte, doch das Verständnis bei der Gemeinde, durch deren bereitwillige Unterstützung mit dem Halten des Blattes sein Bestand erst gesichert ist.

Die Trennung vieler Gemeindeglieder von Heimat und Vaterhaus, welche der Krieg bewirkte, hat erst die Augen der Heimatgemeinde dieses Bedürfnis erkennen lassen.

Aber auch im Frieden haben die Heimatglocken die Aufgabe, die Verbindung zwischen der Heimat und den in alle Welt zerstreuten Gliedern aufrecht zu erhalten. Diese Aufgabe ist um so dringender, je weniger seßhaft die Gemeinde ist. Die Entwurzelung immer größerer Massen aus dem Heimatboden ist allgemein als einer der schwersten Schäden des heutigen Wirtschaftslebens erkannt worden. Ihr entgegenzuwirken gilt als eine der wichtigsten Aufgaben, die künftig zu lösen sein werden. Die Heimstättenbewegung, welche durch den Krieg eine bedeutsame Förderung erfahren hat, soll diesem Übel entgegenwirken. Sie wird es aber doch nicht verhindern können, daß immer ein nicht unbedeutender Teil der Gemeindeglieder sich von der Gemeinde trennt, trennen muß, wenn er sein Fortkommen finden will. Die harte Notwendigkeit des Berufes macht diese heimatlos, zumal wenn sie nicht aus einer eingesessenen Familie hervorgegangen sind. Ihnen den Zusammenhang mit dem Orte, da ihre Wiege stand, das Heimatgefühl zu erhalten, ist eine wichtige Aufgabe, die durch keine andere Einrichtung als die eines Gemeindeblattes gelöst werden kann. Um ihr gerecht zu werden, bedarf es einer geordneten kirchlichen Buchführung mit einem sorgfältig auf dem Laufenden erhaltenen Seelenregister und der ständigen Nachforschung nach dem Verbleib der oft ihren Aufenthalt wechselnden Personen meist jugendlicheren Alters, die zudem selbst oft gar nicht so stark das Bedürfnis nach einem festen Bande mit dem Geburtsorte empfinden, daß sie uns unsere Aufgabe durch ständige Nachrichten über ihren Wohnsitz oder gar durch das kleine Opfer der Lesegebühren für ihr Heimatblatt erleichtern. Gerade deshalb muß die Gemeinde es als ihre Pflicht betrachten, diesen flüchtigen Elementen nachzugehen und sie festzuhalten. Sie erweist damit nicht nur ihnen einen Dienst suchender Liebe, sondern stärkt sich selbst. Ihr Dienst wird früher oder später als eine Wohltat erkannt werden und in der Teilnahme und Förderung, welche sie von den Auswärtigen bei ihren Werken findet, auch gelohnt werden. Wenn eine Gemeinde die Mittel aufbringt, um durch die Heimatglocken das Band der Gemeinschaft mit ihren auswärtigen Gliedern zu erhalten, wird sie nicht nur einen idealen, sondern auch einen praktischen Gewinn daraus ziehen.

Sollten unsere Blätter nur den in der Ferne Wohnenden dienen, so würde der Nam[e] Heimatgrüße zutreffend sein, denn Heimatgrüße sendet man in die Ferne. Der Heimat-Glockenklang aber schwebt zwar auch über das Weichbild der Heimatflur hinaus, aber er soll doch in erster Linie an das Ohr der Ortseinwohner dringen. Unsere Heimatglocken sind evangelische Gemeindeblätter, die ihren Leserkreis innerhalb der Gemeinde suchen.

Es hat einmal einer gesagt: »Wenn der Apostel Paulus heutigen Tages lebte, so würde er Zeitungsschreiber geworden sein.« Vor zwei Jahren hat Leiske in unserer Versammlung eine Parallele zwischen den Heimatglocken und den Briefen des Apostels Paulus gezogen. Die Briefe des Apostels Paulus waren veranlaßt durch den Wunsch auf die räumlich fernen Gemeinden einzuwirken. Empfinden wir nicht dasselbe Bedürfnis? Wir können uns doch keinen Täuschungen darüber hingeben, daß die Zeiten, in welchen der Pfarrer regelmäßig den größeren Teil seiner Gemeinde im Gotteshause um sich versammelt und bereit fand, sich von ihm erbauen und leiten zu lassen, selbst in den kleinsten und kirchlichsten Orten vorüber sind, von den unseligen Verhältnissen der Kriegszeit mit ihrer Sonntagsarbeit als vaterländischer Pflicht ganz zu schweigen. Weder im Gottesdienst, noch in Gemeindeabenden, noch in persönlicher Seelsorge können wir an alle Gemeindeglieder herankommen. Je größer die Gemeinde ist, um so schwieriger wird es. Wir müssen daher jedes Mittel anwenden, welches geeignet ist, diese Schwierigkeiten zu beheben. Wozu ist denn nun aber Papier und Druckerschwärze da, wenn wir sie nicht benutzen?

Sollen wir die Errungenschaften der Neuzeit anderen, vielleicht die | [3] Gemeinde zerstörenden Kräften überlassen, statt selbst davon zu ihrer Auferbauung Gebrauch zu machen? Luther hat alles aufs Wort gestellt und sich des geschriebenen und gedruckten ebenso bedient wie des gesprochenen, ja man kann vielleicht sagen, daß er durch das geschriebene und gedruckte Wort mehr gewirkt hat, wie durch das gesprochene, denn auch er erreichte mit der Stimme nur einen kleinen Kreis, mit der Presse aber wirkte er über die Grenzen des deutschen Reiches hinaus. Wir sehen, daß jede Vereinigung ihre Mitglieder durch gedruckte Berichte auf dem Laufenden erhält, durch Werbeschriften ihre Gedanken verbreitet. In der Tagespresse besitzen die politischen und wirtschaftlichen Parteien das gewaltige Mittel ihres Einflusses. Die Kirche, die evangelische Gemeinde muß auf dieselbe Weise ihre Gedanken verbreiten, wie die weltlichen Organisationen, wenn sie nicht von ihnen überflügelt und kaltgestellt werden will.

Es ist sicherlich kein Zufall, daß kürzlich dicht hintereinander in der Evangelisch-luth. Kirchenzeitung Nr. 9 vom 1. März 1918 Expertus die Schaffung einer evangelischen Tagespresse fordert und in Nr. 10 und 11 vom 8. März und 15. März der Herausgeber des Mecklenburgischen Sonntagsblattes und der Vorsitzende des Verbandes evangelischer Sonntagsblätter die Bedeutung der Sonntagsblätter für das kirchliche Leben schildert. Er schätzt die wöchentliche Auflage der evangelischen Sonntagsblätter auf über 2 Millionen und nimmt an, daß jedes Sonntagsblatt von 3 Personen gelesen wird, so daß wöchentlich 6 von 40 Millionen evangelischer Einwohner in christlichem Sinne beeinflußt werden. Welche Wirkungsmöglichkeiten eröffnen sich uns auf dem Wege des Gemeindeblattes! Schon jetzt werden wohl die meisten Heimatglöckner die Erfahrung gemacht haben, daß die Heimatglocken selbst in unkirchlichen, ja kirchenfeindlichen Familien gelesen werden. Mag der Grund auch in den Personalnachrichten zu suchen sein, auch das Übrige bleibt doch nicht unbeachtet. In meiner Gemeinde wird von $^3/_4$ sämtlicher Familien das Gemeindeblatt gelesen. $^3/_4$ der Gemeinde habe ich vielleicht nicht einmal an Ausnahmesonntagen in der Kirche, von den gewöhnlichen ganz zu schweigen. Ähnlich wird es wohl überall sein.

So bietet das Gemeindeblatt das einzige Mittel einer ständigen Einwirkung auf die überwiegende Mehrzahl der Gemeinde.

Freilich erreicht es auch nicht alle, und die Scheu vor der geringen Ausgabe, bisweilen auch absichtlicher Widerspruch gegen den Herausgeber hält von dem Bezug zurück.

Hier müßte nun eine zielbewußte Gemeindeordnung eingreifen und dafür sorgen, daß das Gemeindeblatt in jede Familie käme. Die politischen Parteien sorgen auch dafür, daß ihre Anschauungen in alle Kreise dringen. Agitation nennt mans da, Mission heißt es bei uns.

Die Gemeinde müßte die Mittel aufbringen, daß jedes selbständige Gemeindeglied sein Gemeindeblatt ins Haus geschickt bekäme, wie andere Vereinigungen ihren Mitgliedern regelmäßig Jahresberichte, Vereinszeitschriften usw. zugehen lassen. Der Bezugspreis ist im Mitgliederbeitrag schon enthalten. Ähnlich könnte überall, wo Kirchensteuer erhoben wird, der Bezug des Gemeindeblattes inbegriffen sein. Wo Kirchensteuern noch nicht bestehen, läßt sich dies vorerst noch nicht durchführen, aber in manchen Fällen könnten die Kirchkassen die Kosten tragen, in anderen müßte es mit freiwilligen Beiträgen versucht werden, denn eine lebenskräftige Gemeinschaft muß jedes Mittel benutzen, um ihre Ansichten und Absichten zur Geltung zu bringen.

Die Bereitstellung dieser Mittel ist eine reine Finanzfrage, deren Lösung erst den Boden für eine allseitige Wirksamkeit des Gemeindeblattes bereitet.

Soll nun auch noch auf den Inhalt der Friedensaufgaben eingegangen werden, so würde dies sehr weit führen, wenn man das ganze Gebiet im einzelnen behandeln wollte. Es gibt schlechterdings keine Angelegenheit der Gemeinde, die von der Behandlung im Gemeindeblatte ausgeschlossen zu werden braucht. Wenn jemand fürchten sollte, daß in Friedenszeiten der Stoff ausgehen würde, der versuche nur einmal, ob er alles, was er seiner Gemeinde alle vier Wochen sagen möchte, auf einer Seite unterbringen kann. Werden auch die persönlichen Nachrichten in kleineren Gemeinden in Friedenszeiten spärlicher sein, so kann ihnen dafür ein breiterer Raum in der Ausführung zugewiesen werden. Es sollen nicht bloß trockene Registerauszüge sein, wie die der Standesbeamten, die nur Datum und Namen geben, sondern Zeugnisse der persönlichen Teilnahme.

Die Neugestaltung der Verhältnisse nach dem Kriege wird uns eine Menge neuer Aufgaben bringen, die nicht lediglich vom Standpunkte der Nützlichkeit, sondern auch des christlichen Gewissens betrachtet sein wollen.

Wir werden nach dem Kriege eine reiche Fülle von geschichtlichem Stoff erhalten können, dessen Verwertung jetzt durch die Rücksichten auf die Sicherheit des Vaterlandes und die Bestimmungen der Zensur erschwert ist, wenn sie sich nicht überhaupt verbietet.

Daneben werden die Stoffe, welche während der Kriegszeit zurückgestellt werden mußten, wieder zu ihrem Rechte kommen: Die geschichtlichen Erinnerungen aus der Gemeinde.

Die Aufgabe der Heimatglocken, die Gemeindeglieder mit ihrer Heimat bekannt zu machen, sie schätzen und lieben zu lernen ist an keine Zeit geknüpft. Sie wird aber auf ganz besonderes Verständnis bei einem Geschlecht rechnen können, welches so heiß um die Heimat gerungen hat, wie das unsere.

Gehört alles, was die Einzelgemeinde betrifft, in den Ortsteil, in welchem der Herausgeber als Seelsorger von einer höheren Warte aus, als dies oft oder meist in der Gemeinde zu geschehen pflegt, die Dinge behandelt, so hat der allgemeine Teil den Zusammenhang für ein größeres Gebiet mit seiner Fülle von Erscheinungen unter dem evangelischen Gesichtspunkt herzustellen. Soviel die Herausgeber von Gemeindeblättern, die völlig selbständig sind, für sich anführen können, es ist ein großer Mangel und bedeutet eine Verschwendung von Arbeitskraft und Zeit, wenn der Leserkreis auf eine kleine Ortsgemeinde beschränkt ist. Unsere Landeskirchen, welche voraussichtlich um ihr Dasein einen harten Kampf zu bestehen haben werden, müssen sich ein von politischer Parteigunst unabhängiges Werkzeug schaffen. Ein solches können die Heimatglocken werden, wenn sie ein gemeinsames Grundblatt für die Landeskirche besitzen, an welches sich die Ortsteile anschließen. Hier wäre der Ort, an welchem die Gemeindeglieder über die Bedürfnisse und Mittel, die Rechte und Aufgaben der Landeskirche aufgeklärt werden könnten. Hier haben die kirchlichen Vereine und Veranstaltungen, welche über die Einzelgemeinde hinausreichen, die Gelegenheit zu werben und Teilnahme zu wecken.

Hier ist auch der Ort, wo das Verständnis für den Kampf

zwischen evangelischem Christentum und Ultramontanismus gefördert und vor konfessionellen Gefahren gewarnt werden kann.

Man wird vielleicht sagen: diese zuletzt genannten Gegenstände gehören nicht in die Heimatglocken, sondern in die Sonntagsblätter. Die Grenze zwischen dem beiden zukommenden Stoff wird schwer zu ziehen sein. Vor allen Dingen aber wird die Zahl der Leser der Gemeindeblätter stets größer sein als die der Sonntagsblätter. Stellen wir uns auf den Boden dieser Tatsache, so werden wir uns das Stoffgebiet nicht allzu sehr beschränken, sondern seine Grenzen ziemlich weit stecken.

Je größer aber das Gebiet der Aufgaben ist, welches wir den Heimatglocken zuweisen, um so schwieriger wird die Aufgabe für ihre Leiter und um so nötiger eine Verteilung der Arbeiten und ein gegenseitiges Indiehandarbeiten der Heimatglöckner.

Die Hilfe, welche der bisher geübte Austausch der Heimatglocken gewährt, ist sehr unvollkommen. Eine Verwertung des in ihm vorhandenen Materiales ist nur selten möglich, zumal da die Verteilung der Einzelnummern auf die am Austausch Beteiligten wechselt, so daß es vorkommen kann, daß man nur den Anfang oder das Ende eines Aufsatzes erhält. Außerdem ist man nie sicher, ob der Abdruck ohne Verletzung fremder Rechte stattfinden kann oder nicht.

Wir müssen unsere Heimatglocken in künftigen Friedenszeiten auf eine Höhe bringen, daß sie den Vergleich mit der besseren Tagespresse aushalten. Für den Ortsteil muß da jeder sein Bestes geben, da kann ihm keiner die Last abnehmen, aber für den allgemeinen Teil kann der Hauptglöckner diese Last allein nicht tragen, sondern bedarf dringend der Mithilfe nicht nur von Geistlichen, sondern auch von Laien, nicht nur der Kräfte des eng begrenzten Heimatgebietes, sondern weiterer Kreise. Allerdings müßte auch hierbei der Heimatgedanke zur Geltung kommen, und hervorragende Männer der Heimat müßten es als eine Ehre betrachten, den evangelischen Gemeinden das Beste zur Förderung ihres Lebens zu bieten. Wenn einzelne ihr Können und Wissen nicht umsonst zur Verfügung stellen können, sondern als Mittel zum Leben nützen müssen, muß ihnen ihre Arbeit entsprechend vergütet werden, den Herausgebern aber der so beschaffte Stoff gegen Erstattung der Selbstkosten zur Benutzung zur Verfügung stehen.

Nicht zuletzt betrachte ich es als eine unserer Friedensaufgaben auch an einen bildlichen Schmuck unserer Heimatglocken zu denken.

Ich versuchte unserer letzten Weihnachtsnummer einen solchen zu geben, aber wie schwer war es, etwas Passendes zu finden, und wie unvollkommen fiel der Versuch aus. Wir sollten aber die Bedeutung des Bildes in unserer Zeit, in welcher die meisten Zeitschriften mit Bildern geschmückt sind, nicht unterschätzen. Jetzt im Kriege ist der Bildschmuck wie alles andere teuer geworden, und bei der Papiernot empfiehlt es sich nicht, den Raum für das Wort durch das Bild zu verkürzen. Wir haben infolgedessen auch die in Angriff genommene Herstellung von Titelköpfen nicht gefördert. Wenn wir aber erst den Frieden wieder haben, dann wird es unser Streben sein, jeder Ausgabe der Heimatglocken auch ein heimatliches Gesicht zu geben. Die Kräfte dazu sind vorhanden, wie die bisher angefertigten Titelköpfe beweisen. Und wie die Heimat im Bilde den Titel ziert und heimatliche Gefühle weckt, so soll auch im Inhalte neben dem Worte das Bild stehen und das Verständnis für die Schönheit der Heimat vertiefen. Welche ungeheuere Fülle des Stoffes tut sich vor uns auf, wenn wir die für die evangelische Gemeinde bedeutsamen Stätten und Personen und die Schönheit der kirchlichen Zwecke dienenden Gebäude und Kunstschätze der Heimat zum Gegenstand der Besprechung in unseren Heimatglocken machen werden! Wird dies zielbewußt und nach einem größeren Plane durchgeführt, so könnten Vorarbeiten für reichlich mit Abbildungen gezierte Orts- und Landesgeschichten geschaffen werden.

Sie sehen, es fehlt durchaus nicht an Stoff für unsere Heimatglockenarbeit in der Zukunft. Um an ihn herantreten zu können, fehlt nur die Rückkehr ruhigerer Verhältnisse, fehlt der Frieden, von welchem wir eine neue Blüte für unser Volk, für unsere Gemeinde erhoffen.

V.3 WALTHER FÖRTSCH: DIE HEIMATGLOCKEN AN ALLE!
[SEITE 4]

»Die Heimatglocken an alle.« – darin sind wir wohl alle einig, daß dies das Wünschenswerteste ist. Wie aber mag solches zugehen?

1. Daß alle Krieger und Soldaten sie erhalten, macht schon ziemliche Schwierigkeiten infolge der fortgesetzten Adressenänderungen und der Trägheit der Angehörigen, die Veränderungen uns mitzuteilen. Was ist da zu tun? Ich habe dreimal die Namen unserer Krieger; einmal auf großen Kartonblättern, auf denen »Name, Dienstgrad, Hausnummer, Beruf, Geburtstag und -ort, Eltern, Ehefrau, Kinder, Garnisonort, Eingezogen am ..., Ausgerückt am ... Adresse, Nahm teil an Kämpfen, Ausgezeichnet, verwundet, gefallen, heimgekehrt« steht. Die betr. Nachrichten suche ich mir selbst zusammen, bei 460 Kriegern eine tüchtige Arbeit, aber man lernt dadurch die Gemeinde

erst recht kennen! Auf diesen Blättern wird nur die erste Feldadresse eingetragen, denn hier würde ständige Änderung sehr häßlich aussehen. Diese Blätter sind kleine Ehrentafeln und Geschichtsurkunden. Fällt der Betreffende, so kann man die letzte Adresse an der Stelle »Gefallen« mit angeben. Die Blätter sind alphabetisch genau geordnet, zwischen den Buchstaben je ein Schied. – Alsdann habe ich ein Adressenbuch, in dem die Adressen in einzelnen Heften (für jeden Buchstaben eins) angegeben sind, davor die Hausnummer. Hier werden sie geändert, und so wird dies ein Schmierbuch. – Drittens aber werden sie auf die Feldbriefumschläge geschrieben, und zwar müssen vor Abgang einer jeden Monatssendung der Heimatglocken die Umschläge für die folgende Sendung bereits fertig daliegen. (Das ist eine Erfindung meiner Frau, die mit Recht sagte: »Von den Briefumschlägen schreibt es sich doch viel besser ab, als aus dem Buche«.) Auch hier herrscht natürlich peinlichste alphabetische Ordnung, so daß eine Änderung der Anschrift leicht vorgenommen werden kann. Die Anschriften schrieben erst Konfirmandinnen, jetzt schreiben sie die Insassen unseres Genesungsheims – gern, denn sie haben ja Langeweile. Der Namensstempel wird auf Wunsch der Post vorn, rechts oben, wo sonst der Poststempel hinkommt, angebracht; dann braucht die Post nicht extra zu stempeln.

Kommt nun ein solcher Brief zurück, so sehe ich im Buche nach der Hausnummer, stecke den Brief in einen neuen Umschlag, schreibe darauf nur den Namen und die Hausnummer und schicke Konfirmanden, die in der Nähe wohnen, hin, mit der Bitte um Ergänzung der Adresse. Kommt sie zurück, so wird die Änderung im Buche und auf den fertig daliegenden Umschlägen für die nächste Nummer vorgenommen und das Schreiben geht mit neuen Grüßen hinaus. Ist keine Konfirmandenstunde, so besorgen andere Schulkinder diese Arbeit. Freund Niese hat einen Jungen besonders dafür angestellt, was in größeren Verhältnissen gewiß praktisch ist. Es ist aber auch ein hübscher Gedanke, daß viele Kinder diesen kleinen »Kriegsdienst« übernehmen. In Dörfern geht das alles ja viel leichter. – Jedenfalls sollte wenn irgend tunlich keine Nummern liegen bleiben, wie es leider nach meiner Erfahrung hier und da geschieht. Ist die neue Adresse noch nicht herein, so legt man den Brief einstweilen beiseite und schickt nach ein paar Wochen wieder hin. Geschieht dies nicht, so kanns vorkommen, daß der arme Kerl nie wieder Heimatglocken kriegt! Und das wäre doch schade! Man sage nicht: »Er konnte ja seine Adresse selbst mitteilen!« Gewiß könnte er das, aber, wenn ers nicht tat – wer will bei dem, was er draußen vielleicht durchzumachen hatte, verdammen? Also so: die Heimatglocken an alle! –

2. Aber auch an alle in der Heimat! Davon habe ich in Erfurt geredet, und das möchte ich hier nochmals unterstreichen. Wie die Glocken der Heimat, auf dem Dorfe wenigstens, in alle Häuser läuten und überall gehört werden, so sollen unsere Heimatglocken in allen Familien gelesen werden! Das ists ja doch, was Rosegger meint, wenn er von der »Pressekanzel« redet, von der viel lauter, vernehmlicher und eindringlicher gepredigt werde, als von allen Kanzeln der Welt, weil die Zeitung alle Tage kommt und in jedem Hause gelesen wird. Das sollte doch bei den Heimatglocken auch der Fall sein! Was wir beklagen, ist doch eben, daß die Glocken vom Turme wohl gehört, aber leider oft überhört werden, und daß unser Wort in der Kirche von den meisten überhaupt nicht gehört wird. Wenn wir nun

eine Möglichkeit haben, allen etwas zu sagen, müssen
wir die nicht ergreifen? Man komme nicht mit den Ein-
wänden: »Wofür der Bauer nichts bezahlt, das schätzt er
nicht!« oder: »Unser Blatt wird doch die paar Groschen
wert sein, die das Abonnement kostet! Wer das nicht übrig hat, brauchts auch nicht zu bekommen.« Kommt es
denn wirklich aufs Geld an? Nein. Eins ist die Hauptsache
und eins ist not: daß alle Gemeindeglieder sie lesen! Dagegen muß alles andere zurückstehen. Schätzen werden
sie es schon lernen, wie ich von der Predigt sage: »Wenn
sie doch nur kämen, gewinnen wollten wir sie schon für
das Reich Gottes!« – Also: die Heimatglocken an alle! Es
ist ja ein Unsinn, wenn in einem großen Dorfe nur 30, 40
Stück gelesen werden! – Seht Ihr denn nicht, daß gerade
die es dann nicht lesen, die es am nötigsten hätten, ebenso
wie dieselben in der Kirche fehlen? Deshalb, weil sie etwa
nicht zahlen, sollen sie doch nicht ausgeschlossen sein! Es
macht mir manchmal geradezu ein gewisses Vergnügen,
das mit der reinsten Freude (die bekanntlich die Schaden-
freude sein soll) verwandt ist, wenn ich mir sage: »Wartet
nur! Ihr habt die Predigt nicht hören wollen; aber um-
kommen soll sie nicht, dazu wäre sie zu schade; nun sollt
Ihr sie lesen!« Und so kommt sie in kurzem Auszuge in die
Heimatglocken, und wird gelesen, das weiß ich, daheim
und draußen. Also: die Heimatglocken in alle Häuser! So
lege ich in dicke Blätter aus alten, unnützen Büchern je
ca. 30 Stück, schreibe darauf Hausnummer 1-30, die Namen der Konfirmanden (je 2), und innen mache ich ein
Netz für die Gaben. Sonntags gehen die Kinder los und
geben in jedes Haus (480), in jede Familie (550) ein Blatt.
Die meisten geben einen Fünfer oder einen Groschen,
manche auch mehr. 38 Mark brauche ich monatlich etwa

für den Druck der 1250 Stück, 32 Mark etwa gehen ein. (Es wird immer mehr!)

3. Das Fehlende senden Auswärtige. Auch sie zahlen kein Abonnement. Wen ich erfahre, dem sende ich die Heimatglocken zu, und dankbar schicken sie 1 Mark, 2 Mark, 5 Mark, ein Kommerzienrat 100 Mark, als ich eine Nummer ausfallen lassen wollte. Auch in dieser Hinsicht gilt es: Adressen suchen, damit alle sie bekommen! Natürlich muß, und das sei der Schluß, der Inhalt dann so sein, daß das Herz und die Seele etwas davon haben und nicht bloß geschrieben werden, wer gefallen, oder gestorben ist, oder das Eiserne Kreuz erhielt. Das Geld machts nirgends! Mehr Inhalt! Laßt uns die Pressekanzel als Kanzel benutzen, alles zu sagen, was wir auf dem Herzen haben, und was in der Kirche nicht gesagt, oder nicht gehört wurde. Dann aber: die Heimatglocken an alle! – Aussprache erwünscht!

VI. Texte aus der sechsten Ausgabe (15.09.1918)

VI.1 Karl Friedrich Theodor Weisflog: Das äussere Gewand unserer Gemeindeblätter [Seite 1f.]

Die Bedeutung des Gemeindeblattes im Dienst der Pflege des Gemeindebewußtseins und des Gemeindeaufbaues ist bekannt und anerkannt.

Nur über eine äußerliche und anscheinend sehr nebensächliche Seite unserer Gemeindeblätter soll ich etwas sagen, eben über die Außenseite derselben, über ihr äußeres Gewand.

Vielleicht ist diese Seite unserer Gemeindeblätter gar nicht so etwas Äußerliches, wie es den Anschein hat. Dem Vorstand unseres Evangelischen Preßverbandes ist sie es sicherlich nicht, sonst würde er nicht gerade über diese Frage ein Referat heute veranlaßt haben.

Soll das Gemeindeblatt seinen Dienst tun, nämlich zur Sammlung und Auferbauung der Gemeinde an seinem Teile mithelfen, dann muß auch gleich die erste, äußere, besonders in die Augen fallende Seite desselben in diesen Dienst gestellt werden.

Kleider machen Leute, sagt das Sprichwort. So anfechtbar es in seiner Allgemeinheit ist, eine beherzigenswerte Wahrheit liegt doch darin. Auch das Gemeindeblatt soll sich durch das Kleid, das es trägt, bei seinen Lesern empfehlen. Man soll sich nicht gehen lassen und glauben, der christliche Inhalt mache die schmucke Form unnötig. Schon mit seinem äußeren Gewand muß das Blatt Freude hervorrufen.

Zum äußeren Gewand des Gemeindeblattes kann man

mancherlei rechnen. Etwa erstens die Art des Papiers, das verwendet wird. Das ist gar nichts Unwesentliches. Ein Feldgrauer, dem von seiner Familie einer unserer Heimatgrüße ins Feld gesandt wurde, schrieb an mich: »Gestern empfing ich den auf Glanzpapier gedruckten Heimatgruß der Luthergemeinde, und wir haben – Hunger.« Er wußte nicht, daß anders als auf Glanzpapier der gewählte Bildstock nicht zur Verwendung kommen konnte, aber das unmittelbare Empfinden für die Vornehmheit des Papiers hatte er doch. Übrigens sind wir jetzt in der Kriegszeit froh, wenn wir überhaupt Papier haben, gleichviel wie es aussieht.

Zum äußeren Gewand des Blattes gehört weiter das Format, in dem es erscheint. Wir wollen uns von der Tageszeitung unterscheiden und nicht deren Format wählen. Vielleicht verdient das Großoktav wie es 1913 im 5. Heft der Mitteilungen für die Evangelische Gemeindekonferenz gefordert war, wirklich den Vorzug.

Zum äußeren Gewand gehört drittens der Schriftsatz. Man hat einer Abwechslung des Schriftsatzes das Wort geredet und gemeint, daß der Text auf der ersten Seite einspaltig und auf den übrigen zweispaltig untergebracht wird. Achten wir vor allem darauf, daß der Druck ein guter ist.

Ich gehe auf alle diese Fragen nicht näher ein. Das äußere Kleid unserer Gemeindeblätter ist wie jedes Kleid Geschmacksache und bekanntlich ist über den Geschmack nicht zu streiten. Ich beschränke mich auf einen Punkt, auf den Titelkopf. Gleich vorn beim Titel muß das Gemeindeblatt mit einem kräftigen Akzent zur Erregung der Aufmerksamkeit einsetzen. Es muß sich irgendwie mit einem vielleicht ganz bescheidenen, aber doch würdigen Kopfe schmücken. Ein guter Titelkopf etwa mit einem feinen Heimatbild gibt dem Blatte einen besonderen Reiz. Alle sinnigen Leser werden, auch ohne daß sie es klar empfinden, dafür dankbar sein. Denken wir nur etwa an unsere Feldgrauen, denen wir unsere Blätter oder besondere Heimatgrüße ins Feld schicken. »Mit einem Brief,« schreibt mir ein Offizier jüngst herein, »schickte mir meine Frau vor einigen Tagen den Heimatgruß Nr. 34 mit dem Altarbild unserer Lutherkirche. Sie haben das Empfinden und die Gefühle von Ihren Feldgrauen richtig eingeschätzt und verstanden, wenn Sie sagten, ein Stück Heimat wollten sie uns damit schicken. Ganz eigenartig wurde es mir ums Herz, als ich den alten lieben Altar im Bilde sah, vor dem man schon so oft stand, und der auch meinem seligen Vater so unendlich lieb und teuer war. Kein Feldpostbrief, keine Feldpostsendung stärkt und erhält meiner Meinung nach so die Liebe zur Heimat als gerade Ihre kirchlichen Heimatgrüße.« Es mehren sich tatsächlich auch die Gemeindeblätter, die auf Bildschmuck Bedacht nehmen. Die meisten unserer sächsischen Blätter zieren solche Köpfe. Es ist eine sehr mißliche Aufgabe über diese Kopfbilder zu urteilen. Ich berichte darum lieber. Das Blatt für Leutzsch und Schönau trägt an der Stirn einen mächtigen Eichbaum mit der Überschrift: Unter der Leutzscher Eiche; es verzichtet also auf einen kirchlichen Kopf. Die Dresdner Luthergemeinde hat ein Lutherbild als Titelkopf mit der markanten Überschrift: Die feste Burg. Bevorzugt wird sonst die Abbildung der Kirche oder der kirchlichen Gebäude – für sich allein oder als Ausschnitt des Heimatbildes. Das wirkt wie ein freundlicher Gruß der Gemeinde selber, die in dem Gotteshaus zusammenkommt. Recht charakteristisch erscheint etwa der Chemnitzer »Jakobibote«. Der Apostel Jakobus – es ist der Chemnitzer: Wappen und Name der Stadt steht darunter – mit Stab und Tasche auf der linken Seite, weist über die ganze Stadt hin zum Kreuze, das auf der rechten Seite im Strahlenglanze steht. Ganz besonders hübsch in der Zeichnung mutet auch der Kopf des Kirchgemeindeblattes für Dresden-Trachenberge an: ein Heimatbild, am Fuß des Berges die Kirche in das Laub der Bäume gebettet und auf dem Hügel dahinter zerstreut die Häuser des Ortes.

Dies Bild erinnert an die Württemberger Gemeindeblätter, die es einem hinsichtlich ihres Schmuckes am meisten antun können. Sie sind alle mit einem malerisch schönen, immer eigenartigen Heimatbild geziert. In Württemberg ist bekanntlich der Gedanke des Gruppengemeindeblattes durchgeführt. Die Stammblätter werden alle von der Evangelischen Gesellschaft in Stuttgart gedruckt. Aber jedes trägt sein besonderes Bild in der Kopfleiste. Wieviel Heimatluft weht uns aus diesen Titelköpfen entgegen, wieviel Landluft aus dem Gemeindeblatt für Weidenstetten, Walddorf, Ottenhausen, und wie sie alle heißen. Wieviel städtischer und doch so intim muten die Bilder an aus Tuttlingen, Cannstadt, Eßlingen, Urach, Zuffenhausen usw. Das sind alles vorbildliche Titelbilder, nicht bloß in der Zeichnung, auch hinsichtlich der Größe, nicht zu groß und nicht zu klein, etwa ein Viertel der ersten Seite ausfüllend; nicht zu klein, sonst wird die Wirkung beeinträchtigt, aber auch nicht zu groß, sonst wird ja wenig Text untergebracht. Das Evangelische Gemeindeblatt für Stuttgart selbst, mit dem alten Schloß und der charakteristischen Kirche – eine Zeichnung von D. Elsässer – erinnert im Titel, Druck und Bild an dasjenige für die Stadt Gotha, das schon im 21. Jahrgang erscheint.

Mit diesem letzteren kommen wir zu den Thüringer Blättern. Diese nennen sich vorzugsweise Heimatglocken, auch Heimatklänge oder Heimatgrüße: Heimatsgefühl wollen sie schon mit ihrem Titel wecken und stärken. Einzelne tragen Bildschmuck, so z. B. dasjenige für den Kirchenkreis Gehren ein Bild mit der Unterschrift: Aus den Bergen – ein Hirte bei der Herde, Landleute bei der Arbeit und im Hintergrund die Kirche. Wie man in Thüringen gerade die Frage nach dem äußeren Gewand der Gemeindeblätter einschätzt, geht daraus hervor, daß man für die nächste Erfurter Tagung der Heimatglöckner – so heißen kurz die Herausgeber der Heimatglocken – eine Ausstellung der verschiedenen Titelköpfe beabsichtigt. Dabei soll auch bekannt gegeben werden, wer die Zeichnung, wer den Bildstock gemacht hat und was dafür im Einzelnen bezahlt wurde.

Durch den Evangelisch-Sozialen Preßverband für die Provinz Sachsen sind mir fünf Gemeindeblätter mit Titelbildern zugegangen, unter denen dasjenige des »Erfurter Blattes für Stadt und Land« wohl das eigenartigste ist: zwei Drittel Land und ein Drittel Stadt, links das Land mit dem Feld voll aufgestellter Garben, im Hintergrund Landhäuser und zwischen Bäumen die Dorfkirche, rechts die Türme der Erfurter Stadtkirche und das Lutherstandbild – das Ganze als Einheit im selben Rahmen. Auch das Gemeindeblatt für den Kirchenkreis Zeitz I mit dem Titel: | [2] »Aus der Heimat« trägt ein in der Zeichnung sehr sauberes, ansprechendes Landschaftsbild.

Die Gemeindeblätter, welche der Christliche Zeitschriftenverein in Berlin besorgt, sind teils Monatsblätter und zwar Gemeindegruppenblätter, jedes mit einem besonderen Kopf und zwar mit kleinen, aber gefälligen Bildchen der Heimatkirche, teils Sonntagsblätter, von denen etwa bezüglich des Titelbildes das Kösliner, das Frankfurter und das Pyrmonter Erwähnung verdienen.

Eine ganz besondere Ausstattung dürfte man vielleicht bei dem Karlsruher Gemeindeblatt erwarten, das von Hesselbacher und Hindenlang herausgegeben und vorzüglich redigiert wird. Indes es trägt unter der Überschrift: Evangelischer Gemeindebote nur ein schlichtes Eisernes Kreuz von 1914 an der Stirn, erscheint freilich wie unmittelbar unter dem Kreuz bemerkt ist, in einer Auflage von 15000 Exemplaren: sicher auch ein Schmuck und zwar einer, der ihm von anderer Seite nicht gleich nachgemacht wird.

Zuletzt nur noch drei Blätter aus der Menge herausgegriffen – das Nürnberger mit dem schönen türmereichen Stadtbild, das einen Eindruck von der alten stolzen Burggrafen-Stadt erweckt, der Hamburger St. Gertrud-Anzeiger, der unter Verzicht auf allen Bildschmuck nur den schlicht umrahmten Blatt-Namen an der Spitze trägt, und endlich das Gemeindeblatt für St. Jakobi in Braunschweig mit dem Bild der vor sieben Jahren erbauten Kirche, des Pfarr- und Gemeindehauses links und rechts von der Kirche, und darüber ein das Bild abschließendes Band mit dem Spruch, der am Hauptportal der Kirche steht: »Meinen Frieden gebe ich euch.« Professor Niebergall schreibt von diesem letztgenannten Blatt, daß er es seinem Musterkoffer einverleibt habe, natürlich nicht bloß dieses Titelbildes halber.

Wenn ich zum Schluß noch etwas von unserem Plauener »Lutherboten« sagen darf, so hat sein Titelblatt Wandlungen erlebt. Die ersten fünf Jahrgänge tragen unter dem Titel: »Mitteilungen für die Luthergemeinde« das nach einer Photographie klischierte Bild der Kirche. Eine Photographie wirkt immer zu realistisch, nüchtern und kalt. Deshalb ging unser Streben auf Verbesserung. Ein Amtsbruder fertigte eine Zeichnung von der Kirche. Auch der Holzschnitt davon war noch nicht das, was uns vor Augen schwebte. Wir wandten uns an einen Lehrer unserer hiesigen Kunstschule. Er entwarf uns den Kopf für unsere Tauf-, Konfirmations- und Trauscheine. Da ist als vorderer Abschluß des Kirchenbildes in Weiß ein Straßenkreuz angebracht. Die Zeichnung wurde lithographisch vervielfältigt. Das war etwa die Zeit, in der wir unser Lutherhaus bauten. In der Freude über das Haus traten alle Bedenken wieder zurück. Wir photographierten wieder frisch drauf los: die Kirche, das Lutherhaus und das Lutherstandbild im Lutherhaus, vereinigten die Bilder und brachten sie auf das Titelblatt unseres Gemeindeblattes. Das blieb wieder sechs Jahre lang so – eine Veränderung gegen früher, aber keine wesentliche Verbesserung. Inzwischen erfreute uns ein Gymnasiast mit einer hübschen photographischen Aufnahme, durch welche Lutherkirche und Lutherhaus auf ein Bild gebracht wurde. Unter Verwendung dieses Bildes zeichnete Professor R. Schauer an unserer Königlichen Kunstschule unser derzeitiges Titelblatt, auf dem über den kirchlichen Gebäuden das Luthersiegel und das Plauener Stadtwappen angebracht und das Ganze mit einer künstlerischen Epheuumrankung schmuck eingerahmt ist.

Es besteht noch die Frage, ob wir nicht auch in unseren Gemeindeblättern – nicht nur an der Außenseite – Bildschmuck bringen sollten. Die ästhetische Bewegung unserer Zeit hat in den letzten Jahrzehnten auch in unserer Kirche sich auszudehnen begonnen in der Form der Bewegung für religiöse Volkskunst. Die Kirche hat die Möglichkeit diese Bewegung religiös, ethisch, pädagogisch und sozial zu vertiefen. Sollten wir nicht unsere Gemeindeblätter in ihren Dienst stellen? Denken wir nur etwa an die Meisterbilder Rudolf Schäfers zu unserem sächsischen Landesgesangbuch und zum neuen Testament. Gegen eine geringe Leihgebühr stellt der Teubnersche Verlag in Leipzig uns diese Bilder zur Verfügung. Auch der Schloeßmannsche Verlag, in dem die Schäferschen Bilder zum Wandsbecker Boten erschienen sind, ist dafür zu haben. Es sind Klischee-Angebote herausgekommen, die uns den Abdruck der wirkungsvollsten Bilder leicht ermöglichen. Auch die »Ehrentafel« für unsere Gefallenen, die wir doch gern in unseren Blättern bringen, sollte nicht ohne besonderen Schmuck bleiben. Als Ergebnis seines Preisausschreibens hat der Dürerbund Gedenkblätter für Gefallene herausgegeben. Kleine Nachbildungen davon überläßt uns der Kunstwart-Verlag Georg Callwey in München völlig kostenlos, nur soll mit dem Abdruck ein kurzer empfehlenswerter Hinweis verbunden werden.

Doch genug. Ich schließe mit dem Ausdruck unserer sicher einmütigen Überzeugung, daß wir in unseren Gemeindeblättern ein wirksames Mittel zur Weckung und Förderung unseres kirchlichen Gemeindelebens in der Hand haben, daß deshalb das Beste für den Ausbau unserer Blätter gerade gut genug ist, und daß auch die Ausstattung ihres äußeren Gewandes uns nicht gleichgültig ist, sondern unsere besondere Sorgfalt und Aufmerksamkeit verdient.

VI.2 Paul Niese: Übersicht über die Thüringer Heimatglocken [Seite 3]

Für das neue Jahrbuch der Thüringer Vereinigung für Heimatpflege habe ich einen Artikel über Thüringer Gemeindeblätter geschrieben. Sein zweiter Teil bringt eine Zusammenstellung der verschiedenen Thüringer Gemeindeblätter. Ich habe sie so gut aufzustellen gesucht, als ich es auf Grund meiner Kenntnisse und Unterlagen konnte. Ich weiß, daß sie sehr lückenhaft ist und in mancher Hinsicht der Ausbesserung bedarf. Ich mußte den Artikel ziemlich schnell schreiben. Ich hatte darum keine Zeit nochmals nachzufragen, weiß auch aus mannigfacher Erfahrung, wie man auf die herzlichsten Bitten an mancher Stelle keine Erhörung findet. Aber nun möchte ich hier darum bitten, daß man mir recht viele und eingehende, sorgfältige Ergänzungen zu dem

Verzeichnis schickt. Dann kommen wir doch mit der Zeit zu einer zuverlässigen Übersicht. Erfreulicherweise geht aus der Zusammenstellung ein großer Aufschwung unserer Blätter in der Kriegszeit hervor. Vor dem Kriege konnte man die Auflage in Thüringen auf höchstens 40000 schätzen. Jetzt beträgt die Auflage im

Großherzogtum Sachsen-Weimar	81000
Herzogtum Sachsen-Altenburg	9500
Herzogtum Sachsen-Coburg	13400
Herzogtum Sachsen-Gotha	20640
Herzogtum Sachsen-Meiningen	26210
in beiden Fürstentümern Schwarzburg	10480
in beiden Fürstentümern Reuß	3600
	164830

Leider ließ sich nicht feststellen, wieviel einzelne Ausgaben dazu gehören, aber es ist schön, daß sich die Auflagenhöhe im Kriege vervierfachte.

VI.3 PAUL NIESE: VERBAND DER DEUTSCHEN EVANG. SONNTAGSPRESSE [SEITE 4]

Der Verband der deutschen evang. Sonntagspresse, der zum Vorsitzenden Pfarrer Studemund-Schwerin und Pastor Lindemann-Oldenburg als geschäftsführenden Vorsitzenden hat, hielt seine Jahrestagung vom 4.-6. Juni in dem Erholungsheim in Hohegrethe bei Au a.d.S. Etwa 30 Sonntagsblattmänner nahmen an ihr teil. Vielerlei Fragen wurden behandelt, die auch uns beschäftigen und auf unsern Tagungen behandelt werden könnten. So Sonntagsblatt und Politik, Förderung von Hausandacht und Bibellesen durch Sonntagsblätter, die rechtliche, kirchliche, religiös-sittliche

Verantwortung des Schriftleiters, Alkohol und Sonntagsblatt, die Bedeutung des Sonntagsblattes für das kirchliche Leben, Honorar für Schriftleiter und Mitarbeiter. Aus den Verhandlungen sei noch erwähnt, daß die Kriegswirtschaftsstelle sich bereit erklärt hat, solchen Sonntagsblättern, die einen mit guten Gründen versehenen Antrag einreichen, eine größere Menge von Papier zu bewilligen. Ich möchte dazu bemerken, daß nach allen meinen Erkundigungen die Kriegswirtschaftsstelle unsern Gemeindeblättern in der Papierfrage soweit als möglich entgegenkommt. Ich habe deshalb vorläufig davon abgesehen, an das Reichsamt des Innern die in Erfurt beschlossene Eingabe einzureichen. Sollte jedoch ein Gemeindeblatt in Thüringen unter besonderen Papierschwierigkeiten leiden, so bitte ich um baldige genaue Mitteilung des Sachverhaltes, ich werde dann gern im Namen unserer Vereinigung die nötigen Schritte unternehmen. Auch in Hohengrethe hat man sich mit der Beschaffung von Bildstöcken beschäftigt und angeregt, von den Richterschen Bildern Bildstöcke mit Erklärungen anzufertigen und sie den Sonntagsblättern leihweise zur Verfügung zu stellen. Die Sache soll weiter verfolgt werden.

VII. Texte aus der siebten Ausgabe (15.12.1918)

VII.1 Paul Niese: Die Heimatglocken im Frieden [Seite 1]

Die Heimatglocken haben ihren wichtigen Kriegsdienst beendet. Aber sie dürfen nicht ihren Dienst einstellen. Sie haben auch im Frieden ihre große Aufgabe. Wir dürfen in dem Eifer für sie und in der Liebe zu ihnen nicht nachlassen.

Wir gehen ernsten Tagen entgegen. In ihnen wird es besonders wertvoll sein, daß wir unsre eigene, unabhängige, kleine kirchliche Presse haben und in ihr mit unsren Gemeinden über die großen Fragen des Tages und die kleinen Anliegen des Lebens reden können. Darum bitte ich recht herzlich und dringend, daß nicht bloß die längst vorhandenen und die im Kriege entstandenen Blätter treulich weiter geführt werden, sondern daß da, wo man sie noch nicht kennt und hat, neue Blätter recht bald Eingang finden. Es darf in Zukunft keine Gemeinde in Dorf und Stadt geben, die nicht ihr eigenes evangelisches, kleines, aber gutes Gemeindeblatt hat. Mag augenblicklich die Begründung neuer Blätter und die Fortführung der alten Blätter schwierig sein, bei festem Willen lassen sich die Schwierigkeiten überwinden. Wir aber wollen, wenn man uns dazu braucht, gern mithelfen, daß es mit der Gemeindeblattsache vorwärts geht.

Unsere Blätter müssen sich nach und nach auf die Friedenszeit einstellen. Sie wird uns sehr schwierige kirchliche Fragen zu lösen geben. Sie wollen mit aller Ruhe und Besonnenheit, Weisheit und Gerechtigkeit, aber auch in getrostem Glauben, in freimütiger Zuversicht, in lebendiger Hoffnung behandelt sein. Da können unsre Blätter in gutem Sinne unsre Gemeinden aufklären, beruhigen, anregen, sammeln, stärken. Recht sachkundige Artikel zum Neubau und Weiterbau unsrer Gemeinden sind dringend nötig. Man soll sich nicht auf religiöse Betrachtungen und erbauliche Geschichten beschränken. Ich sehe den Hauptberuf unsrer Heimatglocken darin, nicht den Gottesdienst der Gemeinde zu ersetzen, sondern zu ihm herzlich einzuladen. Das ist doch der Glocken vornehmste Aufgabe. Tieferes Verständnis vom Wesen und Gang des Gottesdienstes und der gottesdienstlichen Handlungen zu wecken, wahre Wertschätzung der Bibel, des Gesangbuches, des Katechismus zu mehren, gründliche Kenntnis der Kirchengeschichte und ihrer führenden Geister zu verbreiten, innerliche und tatkräftige Teilnahme am christlichen Gemeindeleben zu erzeugen, klare Antwort auf die großen religiösen, sittlichen, kirchlichen Lebensfragen zu geben – das stellt unsre Blätter vor schöne und ernste Aufgaben, denen sie namentlich im allgemeinen Teil geschickt zu dienen haben. Da sollen alle, Geistliche und Nichtgeistliche, die etwas zu sagen und zu geben haben, freudig mithelfen.

Aber auch der örtliche Teil will in Zukunft mit besonderer Liebe gepflegt sein. Die Kriegschronik ist noch nicht zum Abschluß gekommen. Es kann da vieles jetzt nachgeholt werden, was bisher zurückgestellt werden mußte. Es wird z.B. ganz verdienstlich sein, wenn nach und nach eine Liste der Kriegsteilnehmer gebracht würde. Aber sie soll sich nicht auf die dürre Aufzählung der Namen beschränken; sondern auch etwas von dem Kriegserleben erzählen. Es gilt bald damit anzufangen. Jetzt ist die Erinnerung noch frisch. In etlichen Jahren hat sich vieles verwischt. Ich habe manchen Veteran von 1870/71 beerdigt. Aber wie selten konnte ich da erfahren, wo der Veteran mitgekämpft hatte. Unsere Heimatglocken sollten für die Gegenwart und Zukunft zu einem Heldenbüchlein werden, das die Erinnerung an die durchlebte Zeit wach hält.

Aber auch die Gegenwart bietet selbst in einer kleinen Gemeinde ein so mannigfaches Erleben, daß, wer an den Freuden und Leiden seiner Gemeinde von Herzen teilnimmt, Stoff genug hat, um alle vier Wochen seine Seite für das Blatt recht gut und anregend zu füllen. Man soll die Nachrichten über Taufen usw. nur nicht in allerknappstem Telegrammstil bringen. Schon die Rücksicht auf unsre auswärtigen Leser sollte uns nötigen, die Familiennamen möglichst vollständig aufzuführen. Ein Wort persönlicher Teilnahme mag nicht fehlen, wo es irgend angebracht ist. Zum besseren Verständnis des Gottesdienstes wird es unsre Gemeinden erziehen, wenn wir ihnen zwar nicht eine ganze Predigt abdrucken, aber von den Predigten da und dort die Hauptgedanken wiedergeben oder über die gesungenen Lieder etwas erzählen. Die Liebestätigkeiten der Gemeinde regt es an, wenn über den Zweck und Ertrag einer Sammlung ein paar gute Worte gesagt werden. Wenn jetzt die Raiffeisenarbeit auf den Dörfern einen neuen Aufschwung nimmt, dann muß gerade ihre sittliche Wichtigkeit und ihre soziale Bedeutung immer wieder am konkreten Beispiel der Gemeinde vorgeführt werden. Die Arbeit der Frauenvereine hat im Kriege neues Leben gewonnen und will im Frieden weiter geführt sein. Dazu ist die Frauenfrage auch für das kleinste Dorf in ein neues Stadium getreten. Auch das will mit Rücksicht auf die besonderen Gemeindeverhältnisse besprochen sein. Kurz wir würden uns ein klägliches Armutszeugnis ausstellen, wenn wir nicht aus Vergangenheit, Gegenwart und Zukunft der uns anvertrauten Gemeinden immer neuen Stoff fänden, um unsre Heimatglocken recht gediegen und gut zu gestalten. Bei allem Schweren danken wir, daß der Friede kommt. Unsre Heimatglocken aber mögen mit gutem Klang unsren Gemeinden Friede und Freude künden.

VII.2 PAUL NIESE: DIE HEIMATGLOCKEN AN ALLE! [SEITE 1–3]

So forderte Freund Förtsch in der Nummer 5 in seiner frischen, anregenden Art. Der Aufsatz sollte als Fußnote einige Worte von Alfred Fischer bekommen, die dieser teils in seiner Schrift »Die Mobilmachung der Kirche nach dem Kriege«, teils im Protestantenblatt veröffentlichte, und die in einem Flugblatt des Huiten-Verlages zum Werben für das religiöse Volksblatt »Sonntag und Alltag« weiter verbreitet wurden. Raummangel hat dies damals verboten. Leider konnte es in der vorigen Nummer nicht nachgeholt werden, auch war es nicht möglich, dort einige Worte zur Fortführung der Besprechung, trotzdem sie bereits gesetzt waren, noch unterzubringen.

Ein gut Teil von dem, was ich da vor einem Vierteljahr schrieb, ist inzwischen durch die Ereignisse überholt worden. Ich wollte damals noch einmal dafür werben, daß alle Krieger unserer Gemeinde die Heimatglocken unmittelbar vom Pfarrer erhalten sollten. Der Dienst hat einen jähen Abschluß gefunden. Die Novembernummern bringt uns die Post nach und nach wieder zurück, wenn sie noch vor dem großen Zusammenbruch aufgegeben und angenommen waren. Ich hatte mir auch das Ende vom Aussenden unserer Heimatglocken ins Feld schöner gedacht und gewünscht. Aber es bleibt doch von großem Werte, daß wir über vier Kriegsjahre hindurch ein gutes Stück Feldseelsorge mit unsern Blättern treiben durften. Es ist manchmal ein saures, nicht ohne Seufzen vollbrachtes Stück Arbeit gewesen, die wechselnden Anschriften in Ordnung zu halten und die oft sehr große Zahl der Briefe anzufertigen und pünktlich und regelmäßig hinauszuschicken – aber, wer es getan hat, trägt die frohmachende Gewißheit in sich, es war keine vergebliche Arbeit, sie hatte viel offenbaren und noch mehr geheimen Segen und wird auch in die kommenden Tage mit ihren Erschütterungen hinüberwirken. Unsere Blätter waren ein Lebenszeichen der Heimatgemeinde, der Kirche, die eben damit bekundete, sie sorgt sich um ihre Kinder in der Nähe und Ferne und gedenkt ihrer in warmer Liebe und dankbarer Treue.

Wenn auch nun unsere Krieger nach und nach heimkehren, es werden noch manche Söhne unserer Gemeinden unter den Waffen bleiben. Sie sollen auch weiterhin gern die Heimatglocken erhalten. Es werden auch nicht alle Krieger in ihren Heimatort zurückkehren, sondern da und dort | [2] sich eine neue Heimat gründen. Und es ist sehr zu besorgen, daß der schwere wirtschaftliche Druck nach dem Kriege wieder manchen Deutschen zur Auswanderung nötigt. Es wird da gut sein, wenn wir die im Kriege durch die Heimatglocken begonnene und gepflegte Gemeinschaft und Verbindung mit den Kindern der Heimat in der Ferne und Fremde weiter fortsetzen. Schon äußerlich ist es wertvoll, wenn diese in den Heimatglocken einen Monatsbrief empfangen, für den sie sich gern durch reichliche Bezahlung dankbar erweisen. Aber noch mehr ist es innerlich wert, wenn durch den Pfarrer und das Heimatblatt die Heimatgemeinde mit ihren überallhin zerstreuten einstigen Gliedern verbunden bleibt. Darum müssen wir darauf bedacht bleiben, recht viele auswärtige Leser dem Blatte zu gewinnen und zu erhalten. Der gute Anfang im Krieg bedarf im Frieden dringend der Fortsetzung.

Aber vor allem muß jetzt es unser aller gemeinsames Ziel bleiben, daß die zweite Forderung von Förtsch erfüllt wird: Die Heimatglocken an alle in der Heimat. Nur fragt es sich, auf welchem Wege wir dies erreichen wollen.

Fischer geht dabei noch einen Schritt weiter als Förtsch. Letzterer denkt nur an die Verbreitung des Blattes in der Heimatgemeinde. Dagegen fordert Fischer, daß »das Gemeindeblatt Institution, feste Einrichtung der gesamten Kirche wird, damit aber übergeht in das Recht der anderen Institutionen, daß es frei dargeboten wird aus Kirchenmitteln und jedem Haushalt und jedem Einzelwohner unentgeltlich nahegebracht wird«. Aber »nicht die Gemeinde soll das Blatt senden, nicht ihre Vertretung allein soll es sein, sondern die Landeskirche. Wie der Sonntagsgottesdienst und die Sakramentsverwaltung nicht eine Privatangelegenheit der Gemeinde ist, sondern eine Institution der Landeskirche, wobei die Gemeinde mit dem von ihr gewählten Pfarrer, mit lokaler Sitte und Eigenart zu Worte kommen kann, so soll das Sonntagsblatt die Verbindung mit der Landeskirche herstellen – nicht nur durch gelegentliche Berichte, die dem Zufall überlassen sind, sondern durch einen amtlichen Charakter, den ein Titel oder Untertitel und ein amtlicher Teil, die allen Sonntagsblättern gemeinsam sein müssen, herstellt, indem die Landeskirche auch an jedes einzelne der Glieder herankommen kann und in jedem einzelnen über dem Heimatgefühl in der Gemeinde die Vaterlandsliebe zur Landeskirche weckt und erhält«.

In der Tat eine kühne Forderung und eine schöne Hoffnung! Wenn sich das nur einigermaßen so, wie es sich Fischer denkt, verwirklichen ließe! Wenn ich mich ganz nüchtern auf den Boden der wirklichen Tatsachen stelle, kann ich seine Hoffnung nicht teilen. Fischer wünscht nicht einen amtlichen Moniteur, eine Staats- und Landeszeitung der Landeskirche. Er tritt weitherzig »für freie Zulassung aller Sonntagsblätter unter gleichen Bedingungen des Preises und der Leistung und unter pflichtmäßiger Aufnahme des amtlichen Titels und Teiles ein«. Aber ich befürchte, es werden dann unsere Heimatblätter ihr Eigenes, ihr Schönes und Gutes, die Beziehung zur engeren Heimat, das Persönliche, das Familienhafte, das Herzliche, das Seelsorgerische, ihre wertvolle und wichtige Mission der Einzelgemeinde gegenüber einbüßen oder wenigstens sehr zurücktreten lassen. Vor allem aber kann meinen Beifall nicht die unentgeltliche Verteilung der Blätter finden. Zunächst, wo sollen die Mittel herkommen, wenn die Blätter von der Landeskirchkasse oder Ortskirchkasse bezahlt werden sollen? Als ich so vor einem Vierteljahr fragte, stand die Trennung von Staat und Kirche uns nicht so nahe bevor, wie sie nun zu erwarten ist. Bei ihr wird die Finanzfrage eine sehr wichtige Rolle spielen. Aber auch wenn sie sich in einem für die Kirche günstigen Sinne lösen sollte, es fragt sich sehr, ob sie für die Pressetätigkeit der Kirchkassen so reiche Mittel zur Verfügung stellen kann, als zur unentgeltlichen Verteilung von Heimatblättern nötig wären. Ich wünsche aufrichtig unserer kirchlichen Finanzwirtschaft statt der bisherigen Ängstlichkeit und Engherzigkeit für die Zukunft mehr Mut und Opferwilligkeit, bei aller Sorgfalt im Kleinen mehr Großzügigkeit und Leistungsfähigkeit. Aber bei den vielen sich drängenden kirchlichen Aufgaben halte ich es für ausgeschlossen, daß man alle Mittel für unentgeltliche Verteilung der Blätter (noch dazu wenn diese sonntäglich erscheinen) aus der Landeskirchkasse oder Ortskirchkasse bewilligen werde. Es sträuben sich jetzt schon manchmal Kirchgemeindevorstände auch nur einen etwaigen Fehlbetrag in der Heimatglockenkasse auf die Kirchkasse zu übernehmen. Ich habe persönlich auch immer einen gewissen Stolz darein gesetzt, nicht die Kirchkasse in Anspruch zu nehmen, sondern mir auf andere Weise zu helfen. Und es fanden sich auch so immer wieder die nötigen Mittel zur Fortführung des Werkes. Es wird auch in Zukunft so bleiben.

Bei dem Landes-Gemeindeblatt, das unentgeltlich verteilt werden soll, besorge ich ferner, daß schon sehr viele Blätter in den Pfarrhäusern liegen bleiben. Ich sah da schon ganze Stöße von Flugblättern, Jahresberichten verstauben, es wird sicher da und dort dem Landeskirchenblatt nicht besser gehen. Aber auch wenn man die Blätter wahllos in ein Haus wie das andere schickt, es wird unserem Heimatblatt nicht allzu gut gehen. Wer etwas im Volksleben steht und in den Häusern umhergekommen ist, der weiß, wie man zumal im Frieden, wo man mit Drucksachen, Flugblättern überschwemmt wurde, all diese Dinge behandelte, die so in die Häuser geworfen wurden. Man achtete und beachtete sie kaum. Man warf sie weg. Es wird unseren Heimatglocken auch nicht besser gehen, wenn man sie unterschiedslos in die Häuser austeilt. Es ist eben doch so, daß man durchschnittlich das Blatt erst dann achtet, wenn man etwas dafür bezahlt.

Der Staat, die politische Gemeinde, k[ö]nnten ihre Anordnungen zumal jetzt durch unentgeltlich verteilte Blätter bekannt geben. Was spräche nicht alles dafür! Aber nein, man bedient sich der Zeitungen, die wir selbst bis auf das Verordnungsblatt bezahlen müssen. Doch nicht bloß, weil das für den Staat bequemer ist, sondern weil er so die Gewißheit hat, daß die Bekanntmachungen in der regelmäßig erscheinenden und für eine bestimmte Gebühr gehaltenen Zeitung am ehesten beachtet werden. Warum sollen wir also für unsere Heimatblätter nicht auch Lesegeld erheben? Es ist mäßig genug, deckt kaum die Kosten, braucht sie auch nicht völlig zu decken. Die Leute bezahlen aber gern die paar Pfennige, sie wollen das Blatt gar nicht unentgeltlich haben. Deshalb aber, weil sie das Blatt bezahlen, ist es ihr rechtmäßig erworbenes Eigentum, es gehört ihnen, und bekommen sie es nicht rechtzeitig und ordentlich, fordern sie es mit gutem Grunde nach.

Förtsch will auch das Blatt nicht unentgeltlich verteilen. Er läßt sich jedesmal einen Fünfer oder Groschen dafür geben. Das mag eine Zeit lang gehen. Aber auf die Dauer wird sich die Einrichtung nicht bewähren. Ich fürchte, es gibt da schon über ein kleines mancherlei Unordnung und Unannehmlichkeit. Es muß ein fester Leserkreis gewonnen werden, der bezahlt, wie das bei Zeitungen üblich ist, am Anfang des Jahres sein Lesegeld. Die Armen bekommen das Blatt unentgeltlich, so gut wie es die Kranken der Gemeinde unentgeltlich bekommen, die am Orte oder auswärts im Krankenhaus liegen. Die aber, die zunächst das Blatt nicht bestellen, aber es wohl könnten und sollten, müssen durch persönliche Rücksprache, durch Probenummern, durch Zusprache von andern usw. geworben werden. Die Hauptsache ist, daß das Blatt etwas taugt, daß es im rechten evangelischen Sinn ein Freudenbringer ist, daß es wirklich für alle bestimmt ist, dann wird es, wenn auch nicht im Fluge so doch allmählich und stetig sich den Zugang in alle Häuser erobern.

Bei den verschiedenartigen Verhältnissen sind gewiß verschiedene Wege möglich, mögen sie von jedem in seiner Art dazu genützt werden, das schöne Ziel immer besser zu erreichen: Die Heimatglocken für alle!

Ich hatte den Aufsatz Förtsch zugehen lassen. Dieser bemerkt nun zu ihm folgendes:

1. Darin sind wir alle eins, daß die Heimatglocken möglichst an alle kommen sollen, auch in der Heimatgemeinde.

2. Alle anderen Wege der Ausgabe haben bisher nicht zu diesem Ziele geführt.

3. Der von mir eingeschlagene Weg (sie durch Kinder in alle Familien zu schicken, und ohne Abonnement, nur freiwillige Gaben zu erhalten) führt unleugbar zu diesem Ziele.

Warum also sträubt man sich gegen den einzigen Weg, auf dem das Ziel erfahrungsgemäß erreicht worden ist?

1. Freund Niese sagt: Ob es auf diese Weise lange geht? Antwort: Das müssen wir abwarten, ebenso, wie man abwarten muß, ob es mit Abonnement lange geht. Bis jetzt ists gegangen.

2. Niese sagt: »Wofür der Bauer nichts bezahlt, das schätzt er nicht. Sie werden die Heimatglocken nicht lesen, die sie nicht bezahlen.« Antwort: a) Die meisten zahlen natürlich. b) Niese weiß auch nicht, ob der Herr Amtsrichter oder der Herr Fabrikbesitzer, die anstandshalber zahlen, das Blatt lesen. c) Auf meine Art können es wenigstens die Gemeindemitglieder alle lesen, auch die, an denen uns gerade mit am meisten liegen muß, weil sie uns in der Kirche nicht hören.

Ja, ich bin sicher, daß meine Sozialdemokraten, schon aus Neugierde, die Heimatglocken eher lesen, wenn sie auch grundsätzlich jeden Groschen verweigern sollten, als viele »große« Zahler. Also Summa: Warum wollt Ihr nicht alle den einzigen Wege gehen, der bisher sicher zum Ziele geführt hat: »Die Heimatglocken an alle!«? W. Förtsch

Ich kann nur wünschen, daß recht viele den Weg von Förtsch probieren und uns dann ihre Erfahrungen mitteilen. Aber so gangbar er für Förtsch in Ostheim sein mag, so schwierig ist er z. B. in Weida mit der konfessionell gemischten Bevölkerung und seiner schweren Übersichtlichkeit. Es will eben auch die Art der Gemeinde, die Persönlichkeit des Pfarrers und sein Verhältnis zur Gemeinde und anderes mit berücksichtigt werden. Vor allem mag ich nicht jeden Monat Geld für das Blatt sammeln – wohl aber halte ich dafür und möchte das allen dringend empfehlen, gleich zu Beginn des neuen Jahres das Lesegeld für das ganze Jahr einzusammeln.

Dann kann man das Geld einstweilen auf die Sparkasse oder Darlehenskasse tragen, damit es auch noch etwas Zinsen bringt. Dann kann man seinen Haushaltsplan für das ganze Jahr machen und pünktlich die Rechnung für den Drucker usw. bezahlen.

Ein Gedanke von Fischer gewinnt aber nunmehr besonderes Gewicht: wir dürfen die Landeskirche in unsern Heimatblättern nicht vergessen. | [3]

Wir wissen noch nicht, wie ihre Gestaltung künftig sein wird. Ich habe schon früher einmal den Gedanken ausgesprochen, daß etwa die zwei inneren Seiten unserer Blätter für die ganze Landeskirche, die vordere für die einzelne Diözes, die vierte für die einzelne Gemeinde ausgebaut werden möchte. Damals war dafür vor allem der Gesichtspunkt maßgebend, daß alle Gemeinden einer Landeskirche ein Gemeindeblatt haben sollten, wie daß die Arbeit der Schriftleitung vereinfacht und allzu großer Zersplitterung gewehrt werden möchte. Jetzt müssen wir mehr daran denken, unsere Gemeinde dazu zu erziehen, daß sie über den Kreis ihrer Gemeinde hinausgehe und der Verpflichtung und Verantwortung sich bewußt werde, daß sie einem größeren Ganzen, ihrer Landeskirche zugehört. Welche ernste[n] Aufgaben werden da in Zukunft unsere Heimatblätter mit zu lösen haben!

VII.3 Paul Niese: Ein Vertrag [Seite 3]

Bei unserer Zusammenkunft am 8. Mai 1916 sprach Adjunkt Dr. Hering-Oberroßla über die finanzielle Haftung der Mitherausgeber. Er führte aus, daß es sich empfehle, die Rechte und Pflichten der Mitherausgeber bei einer Gruppenausgabe vertraglich festzulegen. Wenn ich aus meiner Erfahrung reden darf, so sind wir auch ohne Vertrag die Jahre hier ganz gut ausgekommen. Aber der Gedanke eines solchen Vertrages ist jedenfalls sehr gut. Ich möchte deshalb hier den Entwurf zu dem Vertrag veröffentlichen. Vielleicht kann er da und dort als Richtschnur dienen. Eins vor allem sollte überall, wo Gruppenausgaben bestehen, auch ohne Vertrag verwirklicht werden, nämlich daß jährlich einmal eine Versammlung und Aussprache aller Mitherausgeber erfolgt. Es lassen sich da mancherlei Mißverständnisse aufklären, die Kassen-, Druck-, Papierverhältnisse besprechen, der Arbeitsplan aufstellen und Mitarbeiter gewinnen. Es wird so die Arbeitsgemeinschaft um so inniger, und das wird unsern Blättern nur zugute kommen.

Wichtig scheint es mir auch zu sein, daß, wenn einmal Verträge geschlossen werden, ein solcher auch mit dem Drucker vollzogen wird. Sind schon Verträge der Mitherausgeber mit den Druckern geschlossen worden, so wäre ich dankbar, wenn diese mir bekannt würden, und ich zugleich erführe, welche Erfahrungen man mit ihnen gemacht hat.

Vertragsentwurf, betr. Herausgabe von Heimatglocken.

§ 1. Die Heimatglocken ... werden von den Pfarrern der Diözese ... und von solchen Pfarrern außerhalb der Diözese, die sich anschließen wollen, herausgegeben.

§ 2. Die Herausgeber schließen einen Vertrag, der Rechte und Pflichten festsetzt und von den gegenwärtigen und zukünftigen Herausgebern unterschrieben wird.

§ 3. Die Vertragsschließenden haften solidarisch (gemeinschaftlich) und ohne Rücksicht auf die Höhe ihrer Sonderausgaben für die Verbindlichkeiten, die bei der Herausgabe der Heimatglocken entstehen.

§ 4. Beim freiwilligen Ausscheiden eines der Vertragsschließenden ist vorherige dreimonatige Kündigung nötig.
Die Kündigung darf nur an einem Vierteljahresersten
erfolgen.

Bei Weggang von der Stelle oder Tod fällt die Kündi-
gungspflicht weg.

§ 5. Die Ausscheidenden, im Todesfalle die Erben, haften
noch ein Jahr lang vom Tage der Kündigung oder des
Ausscheidens an für die Verbindlichkeiten der Gesamtausgabe.

Den Ausscheidenden steht ein Anspruch auf die vorhandenen Rücklagen oder etwaige Werte des Unternehmens
nicht zu.

§ 6. Jährlich einmal in der ersten Jahreshälfte, außerdem so
oft es dem Schriftleiter erforderlich erscheint oder von
einem Drittel der Vertragsschließenden beantragt wird,
finden Versammlungen der Vertragsschließenden statt.

Die Einladung dazu hat vom Schriftleiter unter Angabe
der Tagesordnung mindestens acht Tage vorher zu erfolgen.

§ 7. Der Versammlung steht zu:

a) Die Wahl des Schriftleiters und des Rechners.

b) Abschluß oder Aufhebung des Vertrages mit der Druckerei.

c) Festsetzung der Höhe des Bezugsgeldes für die Sonderausgaben.

d) Festsetzung der Vergütung für den Schriftleiter.

§ 8. Den Vorsitz führt der Schriftleiter.

Stimmberechtigt sind alle Unterzeichner des Vertrages.

Einfache Stimmenmehrheit entscheidet.

Bei Stimmengleichheit gibt die Stimme des Schriftleiters
den Ausschlag.

Jede satzungsgemäß einberufene Versammlung ist beschlußfähig, ohne Rücksicht auf die Zahl der Erschienenen.

§ 9. Schriftleiter und Rechner werden auf drei Jahre gewählt.

Der Schriftleiter bereitet den allgemeinen Teil (Seite 1-3) der Nummern für den Druck vor, hält auf ordnungsgemäße Ausführung des Druckes durch die Druckerei, liest die Fahnenkorrekturen, erteilt der Druckerei für den allgemeinen Teil die Ermächtigung zum Drucke, führt den Schriftenwechsel und vertritt die Vertragsschließenden bei Rechtsstreitigkeiten.

§ 10. Der Rechner führt die Rechnung, zieht die Bezugsgelder für die Sonderausgaben ein und leistet Zahlungen auf Grund der Ermächtigung des Schriftleiters. Er legt alljährlich der Mitgliederversammlung Rechnung.

§ 11. Aus dem Gewinn, der sich aus dem Unterschiede zwischen den Druckkosten und dem Bezugsgelde für die Sonderausgaben nach Abzug der Unkosten ergibt, wird eine verzinslich anzulegende Rücklage gebildet, die in ihrem Stamme oder Zinsertrage für das Unternehmen der Heimatglocken auf Grund von Beschlüssen der Mitgliederversammlung verwendet werden kann.

Bei Auflösung des Unternehmens der Heimatglocken ist die vorhandene Rücklage für einen von der Mitgliederversammlung zu bestimmenden Zweck der Innern Mission zu verwenden.

§ 12. Der Reinertrag der Sonderausgaben bleibt den einzelnen Vertragsschließenden zu beliebiger Verwendung überlassen.

VIII. Texte aus der achten Ausgabe (15.05.1919)

VIII.1 Paul Niese: Einladung nach Erfurt [Seite 1]

Für Anfang Mai planten wir, wie alljährlich, unsere Zusammenkunft in Erfurt. Die ganz ungünstigen Eisenbahnverhältnisse machten aber da einen regen Besuch zur Unmöglichkeit und ließen uns deshalb die Tagung verschieben. Unsere allgemeine Lage hat sich inzwischen verschlimmert. Trotzdem wollen wir es wagen, unsere Zusammenkunft auszuschreiben. Wir haben das dringende Bedürfnis nach gegenseitiger Aussprache und wollen uns freuen, wenn wir trotz aller Schwierigkeiten recht zahlreich zusammenkommen können.

Wir haben für unsere Tagung Dienstag, den 17. und Mittwoch, den 18. Juni ausgewählt. Sie soll wieder in Erfurt im Erfurter Hof gegenüber dem Bahnhof stattfinden.

Diesmal wollen wir am Nachmittag des 17. Juni zusammen mit den Männern des Evangelischen Presseverbandes für Thüringen in einer Sitzung uns vereinigen. Pfarrer Hinderer aus Berlin-Steglitz, Direktor des Evangelischen Presseverbandes für Deutschland, wird über die neue Lage und die Presse, besonders die Gemeindeblätter sprechen. Wir freuen uns, ihn persönlich bei uns begrüßen zu dürfen und aus seinem Munde Sach- und Fachkundiges, Wegweisendes und Anregendes zu hören. Wir wollen dann, wie immer, uns über den Stand der Heimatglockenarbeit in Thüringen durch unsere Vertrauensmänner berichten lassen. Wir möchten dazu auch an dieser Stelle, wie am Schlusse dieser Nummer genauer angegeben ist, um die Einzelberichte als Unterlagen recht herzlich bitten. An die Berichte schließen sich leicht allerhand Wünsche, Fragen, Gedanken an, die bei unserer Arbeit einem kommen. Ich bitte, daß recht viele Fragen, wenn möglich mir schon vorher, mitgeteilt werden, damit wir eine recht rege und anregende Aussprache bekommen. Wir wollen nachmittags pünktlich um 2 Uhr anfangen. Ich denke, daß man bis dahin aus nicht zu weiter Entfernung Erfurt erreichen kann.

Der Abend des 17. Juni und der Vormittag des 18. Juni sollen der »Dorfkirche« gehören. Am Abend des 17. Juni soll über das Thema »Die Volkskirche und das Dorf« verhandelt werden. Sup. D. von Lüpke hat leider Thüringen verlassen, er ist in seine hannöversche Heimat zurückgekehrt und am 4. Mai als Pfarrer in Isenhagen bei Hankensbüttel (Inspektion Wittingen) eingeführt worden. Er will aber zu unserer Tagung zu uns zurückkommen und den einleitenden Vortrag halten. Als Korreferenten wollen wir Pfarrer Karl König-Urspringen gewinnen. Wir wollen mit der Abendversammlung bereits um 7 Uhr beginnen.

Am 18. Juni soll über die ländliche Volkshochschule verhandelt werden. Professor D. Weinel-Jena, der jetzt so tatkräftig an der Spitze der Volkshochschulbewegung für Thüringen steht, will das einleitende Wort sprechen. Wir wollen wünschen, daß wir nun auch auf dem Gebiete der ländlichen Volkshochschule zu Taten kommen.

Besondere Einladungen wollen wir nicht noch ausgehen lassen. Diese Nummer soll zugleich als solche dienen. Sollte sich etwas ändern, so machen wir es im Thüringer Pfarrerblatt für Juni bekannt.

Um Nachweis für Wohnungen usw. will sich der Geschäftsführer der Thüringer Vereinigung für Heimatpflege I. Leute, Erfurt, Raiffeisenhaus gern bemühen. Ihm bitten wir bis zum 14. Juni Nachricht zu geben.

Wir bitten alle Heimatglöckner und Dorfkirchenleute um Besuch der Tagungen und wären dankbar, wenn sie auch ihre gesinnungsverwandten Freunde und Freundinnen zum Mitkommen ermuntern möchten.

VIII.2 Paul Niese: Der Evangelische Pressverband für Deutschland und die Gemeindeblätter [Seite 1–3]

Wie zu Weihnachten, so ließ uns auch wieder zu Ostern der Evangelische Preßverband eine Nummer von der »Quelle« und dem »Bild« zugehen. Beide Hefte enthielten wieder gute und ansprechende Gaben, die wir dankbar zur Herstellung und Ausstattung der Osternummer gebrauchen konnten.

Der Preßverband will überhaupt mehr und mehr unser Helfer werden. An seiner Spitze steht bekanntlich Pfarrer A. Hinderer, der als langjähriger Leiter der Württemb. Gemeindeblätter, besonders des Blattes für Stuttgart, die Art und Bedeutung unserer Arbeit aus eigener Arbeit und Erfahrung heraus am besten kennt. Er wird den schon seit vielen Jahren gehegten Plan und Wunsch verwirklichen, daß der Preßverband sich zu einer Mittelstelle für die Gemeindeblätter entwickelt. Er hat bereits eine Abteilung für Gemeindeblätter beim Evangelischen Preßverband eingerichtet. Sie soll weiter ausgebaut werden und als Werbestelle, Beratungsstelle, Sammelstelle und nicht zuletzt als Werkstatt für unsere Blätter dienen. Wir brauchen dringend solche Stelle. Zwar gibt es Amtsbrüder, die in aller Verborgenheit und Abgeschlossenheit ihr Blatt für ihre Gemeinde herausgeben und führen und dabei auf allen Zusammenschluß mit anderen, auf allen Rat und Hilfe von anderen verzichten – aber das sind doch nur Ausnahmen. Die meisten wissen es zu schätzen, was durch

Zusammenstehen und Zusammenarbeiten erreicht werden kann. Welche Sorgen hätten uns in der Papierfrage in der Kriegszeit abgenommen werden können, wenn wir da alle in einer Mittelstelle zusammengeschlossen waren, die tatkräftig unsere Belange wahrnahm. Bei den ungeheuren Preissteigerungen für Druckarbeit wäre es richtig, wenn wir, die wir doch erst nach und nach einige Fachkenntnisse vom Buchdrucken uns [2] erwarben, nicht unseren Druckern auf Gnade und Ungnade ausgeliefert sind, sondern eine Stelle haben, die fachkundig das Angemessene oder Unangemessene der Preise feststellen würde und uneigennützig und selbstlos für uns eintritt. Es könnte von Vorteil werden, wenn wir gemeinsam unser Papier einkaufen könnten, damit wir bei einem Kauf im Großen bei guter Art des Papiers möglichst billige Preise anzulegen hätten. Aber was uns noch mehr am Herzen liegt, ist die innere Haltung und Ausstattung unserer Blätter. Um sie zweckmäßig und volkstümlich zu gestalten, um unseren Zielen und Aufgaben in der rechten Weise zu dienen, bedürfen wir immer wieder der Anregung. Unsere »Mitteilungen für die Thüringer Heimatglöckner« möchten an ihrem bescheidenen Teile dabei mithelfen. Sie leiden darunter, daß sie nur an einen kleinen Kreis gehen, und daß ich in der Hauptsache allein an ihnen die Arbeit tue. Wie habe ich mich bei dieser Nummer um Mitarbeiter mannigfach bemüht! Leider wieder umsonst. Und doch entspricht unser Blatt einem Bedürfnis, wenn es zu dem ausgestaltet werden könnte, was mir bei ihm vorschwebt. Es begegnet durchaus meinen Gedanken, wenn der Verband der Deutschen Evangelischen Sonntagspresse unterm 20. Dezember 1918 schrieb:

»Der Vorstand hat in seiner letzten Sitzung beschlossen, nach Bedarf von Zeit zu Zeit Blätter für Nachrichten und zur Aussprache an die Mitglieder des B.D.S. zu senden. Diese Blätter sollen, wie ihr Name sagt, einerseits Nachrichten von Wichtigkeit bringen und andererseits der gegenseitigen Aussprache dienen. Wie wichtig und fördersam uns Sonntagsblattleuten eine Aussprache sein kann, das haben alle, die an unseren letzten Jahresversammlungen teilnahmen, erfahren. Wir möchten zur Anbahnung eines engeren Verhältnisses unter uns die Gelegenheit zur Aussprache nun dadurch vermehren, daß wir der mündlichen Aussprache auf unseren Jahresversammlungen eine schriftliche in diesen Blättern hinzufügen. Wir bitten unsere Mitglieder, sich an solcher Aussprache gerne und fleißig zu beteiligen. Hier sollen Platz finden:

Anfragen – Empfehlungen geeigneten Stoffes – Rechtzeitige Erinnerungen an bevorstehende Gedenktage, die in den Sonntagsblättern nicht vergessen werden sollen – Warnungen vor Anzeigen, mit denen jemand schlechte Erfahrungen machte – Erörterungen über die Stellungnahme der Sonntagsblätter zu Ereignissen und Strömungen der Gegenwart – Erörterungen über zweckmäßige Gestaltung der Sonntagsblätter – Musterbeispiele einer guten und einer schlechten Gestaltung unserer Blätter – Fragen über Höhe der Lesegebühr – Winke für die Werbearbeit – Erörterungen über Verbilligung der Herstellung – Mitarbeiterfrage – Honorarfragen – Allerlei Wünsche – Anregungen jeglicher Art – kurz alles, was uns in unserer Arbeit das Herz bewegt.

Aber in allen diesen Dingen will nicht nur der Vorstand reden, sondern sollen unsere Mitglieder selbst das Wort ergreifen. In Frage und Antwort, Rede und Gegenrede soll der lebendige Fluß der Gedanken zwischen allen hin- und herfluten.

Unsere Sonntagsblätter haben in der neuen Zeit ganz besonders große Aufgaben zu erfüllen. Für sie uns einander anzuregen, zu stärken und zu ermutigen, sollen uns diese

»Blätter für Nachrichten und zur Aussprache« dienlich sein. Wir bitten um rege Mitarbeit.«

Was da gesagt ist, entspricht in vielen Punkten dem Programm, das unsere Mitteilungen für die Gemeindeblätter erfüllen wollen. Ich habe bisher noch nichts davon gehört, daß die »Blätter für Nachrichten usw.« erschienen wären. Sie werden wohl auch ihre Schwierigkeiten haben. Aber sie legen es nahe, daß unsere Mitteilungen zu einem Blatte für alle deutschen Heimatglöckner ausgebaut werden möchten. Wenn sie von einer Stelle, die an Kräften und Mitteln so reich ist, wie der Preßverband, geleitet würden, dann könnten sie ihren Beruf besser als jetzt erfüllen. Vor allem aber denke ich daran, daß von der Mittelstelle des Preßverbandes uns wie bisher schon durch die »Quelle« und das »Bild«, so künftig noch mehr gute Artikel und schöne Bilder vermittelt werden können, und daß von ihr aus ebenso wie für die Erweiterung und Vergrößerung, so auch für die Vertiefung und Verinnerlichung der Heimatglockenarbeit erfolgreich und stärkend gewirkt werden wird.

Wie ich höre, plant der Preßverband einen Gemeindeblatt-Ausschuß einzuberufen, dem in der Gemeindeblattsache besonders tätige Männer angehören sollen. Er hatte schon lange die Absicht, eine Gemeindeblatt-Tagung zu veranstalten. Nur läßt sich der letztere Plan unter den heutigen Verhältnissen und Reiseschwierigkeiten nicht so bald verwirklichen.

Aber eine gute und wichtige Gabe hat er jetzt fertiggestellt, nämlich eine Handreichung zur Gründung von Gemeindeblättern herausgegeben. Vor einer Reihe von Jahren hatte der Württembergische Preßverband eine sehr praktische und empfehlenswerte Handreichung erscheinen lassen. Während die letztere aber mehr nur für Württemberg bestimmt war, so will die jetzt erschienene dem ganzen evangelischen Deutschland dienen. Ihr Hauptzweck ist, die alten Freunde der Gemeindeblatt-Arbeit in ihrer Treue zu stärken und recht viele neue Freunde für sie zu gewinnen. Sind unsere Blätter im Kriege nötig gewesen, und haben sie da der Feld- und Heimatgemeinde einen guten, wichtigen Dienst tun dürfen, so sind die Gemeindeblätter in dieser Zeit tiefster Erschütterung christlichen Gemeindelebens noch viel mehr unentbehrlich. Den Hauptartikel für die Handreichung habe ich auf Bitte des Herausgebers selbst geschrieben und darin die tausenderlei Fragen zu beantworten gesucht, die so oft an mich gestellt wurden, wenn ich bei Gründung von Heimatglocken mit Rat und Tat helfen durfte. Außerdem enthält die Handreichung noch gute, durch den in unseren Mitteilungen veröffentlichten Vortrag bekannte Ratschläge für die bildnerische Ausstattung unserer Gemeindeblätter von P. Weisflog-Plauen; ferner einen eingehenden Artikel aus der Dorfkirche »Stoff zu Gemeindeblättern«, an dem wir prüfen können, ob wir nicht an mancher Stoffquelle bisher achtlos vorübergingen, die wir zukünftig nützen könnten. Dann werden die verschiedenen Korrespondenzblätter, die die Schriftleiter benutzen können, aufgezählt und zuletzt noch »Allerlei Rat« für den Verkehr mit der Druckerei, für Korrekturlesen, sowie einige Winke aus dem Preßgesetz und über das Urheberrecht gegeben. Dazu ist das zwölfseitige Blatt mit der Wiedergabe vieler trefflicher Köpfe geschmückt und bringt hübsche Bilder aus Gemeindeblättern. Es ist allerdings dabei das Kopfbild auf Blatt 5 nicht richtig bezeichnet. Es ist nicht das zum Blatt »Aus unseren Bergen«, sondern zu den »Heimatklängen aus dem Weimarischen Kreise«. Wer die schönen Kopfbilder sieht, muß doch Lust bekommen, sein eigenes Blatt damit zu schmücken. Auch der Preßverband will gern zur Herstellung guter Köpfe vermittelnd tätig sein.

Die Handreichung kann wegen der hohen Selbstkosten nicht den sämtlichen Pfarrämtern kostenlos zugestellt werden. Die Geschäftsstellen der Preßverbände sollen ihren Vertrieb in die Hand nehmen. Das Einzelblatt soll für den Preis von 25 Pfennigen abgegeben werden, der natürlich bei den 12 Seiten Umfang den Herstellungskosten nicht entspricht, aber diese doch mindern hilft. Um der guten Sache willen möchte ich recht herzlich bitten, daß jeder Heimatglöckner sich eine solche Handreichung zulegt. Vielleicht kann sie ihm bei seiner Arbeit manchen Fingerzeig geben. Dann aber, wenn er sie selbst nicht mehr braucht, mag er sie einem | [3] Freunde zustellen, der noch nicht Heimatglöckner ist, um diesen für unsern unerläßlichen Dienst zu gewinnen. Es muß mit unserer Arbeit nicht rückwärts, sondern vorwärts gehen.

VIII.3 PAUL NIESE: GEMEINDEBLÄTTER IN DER PROVINZ SACHSEN [SEITE 3]

Über die Gemeinde-, Synodal- und Sonntagsblätter in der Provinz Sachsen ist eine Übersicht nach dem Stand vom Dezember 1918 vom Evangelisch-Sozialen Preßverband in Halle kürzlich bearbeitet und herausgegeben worden. Die Übersicht ist außerordentlich lehrreich. Freilich bin ich erstaunt gewesen, zu hören, daß in der großen Provinz nur 76 Gemeinde- und Synodalblätter erscheinen mit einer Gesamtauflage von 140695. Ich hatte für Thüringen die Auflagenhöhe auf 164830 berechnet; die Zahl der Einzelausgaben bei uns aber ist dreifach, wenn nicht fast vierfach höher als in der Provinz Sachsen. Allerdings ist die dortige geringere Zahl der Ausgaben dadurch bedingt, daß in Sachsen das »Synodalblatt« eingebürgert ist. Man versteht darunter das Gemeindeblatt für einen Kirchenkreis. Wir haben ja auch in Thüringen z.B. in

Altenburg solche Gemeindeblätter. Sie haben natürlich ihre Vorzüge, die wir nicht verkennen wollen. Aber sie sind nicht die beste Lösung der Gemeindeblattfrage. In den Bemerkungen, die der genannten Übersicht angefügt sind, wird gesagt: »Die Synodalblätter sind für alle Kirchenkreise das besonders Erstrebenswerte. Die Losung muß lauten: Kein Kirchenkreis ohne Kreiskirchenblatt! Die früher ausgegebene Losung: Keine Gemeinde ohne Gemeindeblatt! ist ein Wahngebilde, das an der harten Wirklichkeit längst zerschellt ist. Es mag für große Gemeinden gelten; für kleine bedeutet es eine Zersplitterung an Zeit, Kraft und Geld, die wir uns namentlich in dieser teuren Zeit auf keinen Fall leisten dürfen.« Dem kann ich durchaus nicht zustimmen. Zwar das ist richtig, daß man nicht für jede kleine Gemeinde ein vollständig selbständiges Blatt schaffen soll. Das wird zu teuer, zu arbeitsreich werden und wird vor allem keine Dauer haben. Aber daß dem gegenüber das Kreiskirchenblatt nur das einzig Richtige sei, kann ich nicht unterschreiben. Es gibt gewiß sehr gut geleitete Kreiskirchenblätter. Aber die einzelne Gemeinde kommt in ihnen nicht zur gebührenden Geltung und zu ihrem vollen Recht. Wie dürftig sind zumeist die Nachrichten aus den einzelnen Gemeinden! Es geht ihnen die persönliche Note ab, man hört aus ihnen nicht unmittelbar die Stimme des Pfarrers, man kann in ihnen nicht sozusagen unter vier Augen zur eigenen Gemeinde reden und an ihrer unmittelbaren Erbauung arbeiten. Wenn in Zukunft noch mehr als in vergangenen Tagen das Schwergewicht des kirchlichen Lebens auf der Einzelgemeinde ruht, so ist es eben nötig, daß jede Gemeinde, jedes Kirchspiel möglichst ihr eigenes Blatt bekommen. Es soll das durchaus nicht von der ersten bis zur letzten Seite ein originales Blatt sein. Aber es soll doch wenigstens die vierte Seite der Einzelgemeinde allein und ganz dienen,

während die drei ersten Seiten auf einen größeren oder kleinen Kirchenkreis zugeschnitten sind. Das ist das System, das
wir in Thüringen so erfolgreich ausgebaut haben, und es ist
doch nicht nur meine persönliche Überzeugung, sondern
auch durch die Aufnahme und Wirkung unserer Blätter in
unseren Gemeinden aufs beste bewiesen, daß wir damit auf
gutem Wege uns befinden. Man will schließlich auch in der
Provinz Sachsen unseren Weg gehen, indem der Evangelisch-
Soziale Preßverband in Halle seit Januar 1919 ein Stammblatt
für Gemeindeblätter von 4 Seiten mit Text auf 2 oder auf 3
Seiten herausgibt. Da kann dann auf der 4. und auch 3. Seite
die Einzelgemeinde ganz wie bei uns zu Worte kommen.

Es seien noch aus der Übersicht von der Provinz Sachsen
einige Zahlen mitgeteilt. 33 Kirchenkreise sind ohne jedes
kirchliche Blatt. Auf Regierungsbezirke verteilt kommen auf
Magdeburg 30, Merseburg 34, Erfurt 9 und die Grafschaften
3 Blätter. An Einzelgemeindeblättern bestehen 8, nämlich
in Magdeburg 6, Merseburg 1, Erfurt 1. Mit Stammblättern
arbeiten 19 Gemeinde- und Sonntagsblätter und zwar bezie-
hen 9 das Stammblatt vom Christlichen Zeitschriftenverein
in Berlin, 5 vom Heimatglockenverlag Apolda und 5 vom
Verlag der »Volkskirche«, Monatsblatt der Volkskirchlich-
Sozialen Vereinigung in Greppin bezw. Wittenberg. Von
1883-1900 sind 9, von 1900–1918 67 Blätter entstanden. Im
Kriege sind zwischen 1915–1918 20 neue Blätter entstanden.
Es hat sich also die bisherige Zahl um ein Drittel erhöht. An
der vom Evangelisch-Sozialen Preßverband geleiteten Aus-
tauschstelle beteiligen sich 44 Blätter. Der Preßverband hat
eine besondere Abteilung für Gemeindeblätter eingerichtet,
die unserer Thüringer Vereinigung entspricht. Vorsitzender
ist P. Hoffmann-Erfurt und Geschäftsführer Direktor Swier-
czewski-Halle. Wir haben gern mit unserem Nachbarverband

die Verbindung und Gemeinschaft gesucht und gepflegt und danken dem manchen Gewinn und manche Anregung.

VIII.4 Paul Niese: Aus Niedersachsen [Seite 3f.]

Auf der Tagung der Freunde der Dorfkirche Niedersachsens am 30.9. und 1.10.18 hielt nach einem Bericht der Dorfkirche P. Brammer-Brome einen Vortrag über »Das Gemeindeblatt und seine Einrichtung für unsere hannoverschen Dorfgemeinden«. Von seinen Leitsätzen möchten wir folgende erwähnen: »Der idealste Weg ist das Inspektionsblatt.« Darunter versteht man auch ein Blatt, dessen drei ersten Seiten für eine Inspektion (Diözese) oder auch einen größeren Bezirk bestimmt sind, während die 4. Seite dem einzelnen Kirchspiel zu dienen hat. »Als Inhalt des gemeinsamen Teils haben folgende Gesichtspunkte zu gelten:

a) Die Artikel dürfen nicht zu allgemein werden. Das Heimatliche muß voranstehen.

b) Das Erbauliche muß wirklich ansprechen und in gutem Sinn populär sein.

c) Alle Artikel müssen auch wertvoll genug sein, nicht bloß Raum füllen.

d) Wo die Weltlage behandelt wird, muß der bäuerliche Gesichtspunkt bestimmend sein.

Im lokalen Teil gilt es nicht bloß statistische Zusammenstellungen zu bringen, sondern warmherzig und gemütlich, wie ein Nachbar mit dem andern über die Freuden und Leiden des Kirchspiels zu reden, raten, trösten und helfen.

Die Herstellungskosten werden durch Bezugsgelder aufgebracht.

Auf jedem Dorfkirchentage Berichterstattung und Aussprache über Wünsche und Beschwerden. Doch nicht zu viel

Bedenken, sondern arbeiten. Der Segen wird schon nicht ausbleiben.«

Wir freuen uns gern, daß man in Niedersachsen für dieselben Gedanken eintritt, die uns in Fleisch und Blut übergegangen sind. Wir hörten gern, mit welchem Erfolge sie dort verwirklicht sind. Es ist bedauerlich, daß man bisher noch keinen zuverlässigen Überblick über den Stand der Gemeindeblattsache in Deutschland hat. Der Preßverband wollte eine Übersicht auf der Handreichung geben, aber sie scheint unterblieben zu sein, weil sie jedenfalls zu lückenhaft geworden wäre.

Auf der gleichen Tagung hielt Senior von Staden in Stade aus fast 30jähriger Erfahrung als Schriftleiter heraus [4] einen Vortrag über »Sonntagsblatt und heimatliches Volkstum«. Der Vortrag ist Seite 97 vom Jahrg. 1919 der Dorfkirche abgedruckt und verdient unsere vollste Beachtung umsomehr, als man für Sonntagsblatt da auch recht gut Gemeindeblatt einsetzen kann. Besonders anziehend sind mir die Gedanken, die da zuletzt über die Anwendung der niederdeutschen Mundart im Sonntagsblatt ausgesprochen werden. Im Dienste des heimatlichen Volkstums läßt von Staden jetzt kaum eine Nummer seines Blattes ohne einen plattdeutschen Aufsatz ausgehen. Nun ist freilich ein gewisser Unterschied zwischen Plattdeutsch und unseren Thüringer Mundarten. Aber es würde gewiß kein Fehler sein, wenn auch wir unsere heimische Mundart pflegten, indem wir da und dort ein Stück in ihr in unserem Blatte brächten. Ich denke dabei aber nicht in erster Linie an humorische Stücke. Solche ist man gewohnt, in der heimischen Mundart zu lesen. In ihr sind sie oft auch allein wirksam. Für einen wirklich guten Schwank aus unserem Volksleben heraus können wir wohl auch einmal Raum in unserem Blatte haben. Aber so gut wie man auch recht ernste Dinge plattdeutsch zu sagen weiß und plattdeutsch zu predigen versteht, könnten auch wir im volkstümlichen Kleide unserer Thüringer Mundart so manche gute Wahrheit und heilsame Erkenntnis unseren Lesern sagen. Freilich muß man dabei den Dialekt in Wort und Schrift beherrschen. Wer sich das zutraut, sollte uns einmal in seinen Heimatglocken eine gute Probe geben, die zur Nachahmung reizt. Ich meine, daß besonders im örtlichen Teil dafür eine gute Stelle wäre, und es gewiß mit verständnisvoller Freude im Leserkreis aufgenommen würde, wenn der eine oder andere, sich dazu eignende Abschnitt im Dorf- oder Stadtdialekt geschrieben wäre.

VIII.5 Paul Niese: Eingehen und Entstehen von Heimatglocken [Seite 4]

Leider scheinen mit Ende des Krieges auch eine Reihe von Thüringer Heimatblättern eingegangen zu sein. Mögen manche unter ihnen in erster Linie der Feldgemeinde gedient haben, sie hätten doch recht gut für die Heimatgemeinde sich einrichten lassen, in der sie schon Boden gefunden hatten. Wir möchten recht herzlich bitten, daß doch keiner vor der Arbeit und den Kosten der Fortführung des Blattes zurückschrecke. Wem die großen kirchlichen Fragen und Sorgen dieser Tage im Herz und Gewissen brennen, der freut sich, im Gemeindeblatt ein Mittel zur Aussprache und Verständigung mit seiner Gemeinde zu haben. Es war uns lieb, daß doch auch manches Blatt, das in der Kriegszeit sein Erscheinen einstellen mußte, wieder lebendig geworden ist, und mit besonderer freudiger Hoffnung begrüßen wir es, daß für den Kirchenkreis Arnstadt ein Gemeindeblatt nach dem Gruppensystem unter Leitung von Pfarrer Kummer entstanden ist und seine erste, auch mit

einem prächtigen Kopf geschmückte Ausgabe zu Ostern ausgehen ließ. Freundliche Wünsche unserm jüngsten Gliede!

VIII.6 PAUL NIESE: HEIMATGLOCKEN AN
KRIEGSGEFANGENE [SEITE 4]

In der vorigen Nummer regte ich an, Heimatglocken an unsere Kriegsgefangenen zu schicken. Wir haben den Gefangenen aus Weida solche zugestellt und von denen, die in englischer Gefangenschaft schmachten, wiederholt Nachricht
erhalten, welche Freude ihnen das Heimatblatt bereitet hat.
Denen, die in französischer Gefangenschaft sind, gönnt man
offenbar auch diese Freude nicht. Mit ihnen ist die Postver-
bindung überhaupt sehr schlecht. Sollten unsere Gefangenen
noch länger zurückgehalten werden, so bitte ich, denen, die
in englischer Gefangenschaft sind, den Heimatgruß zu ihrer
Aufrichtung zu schicken und zwar am besten durch die Hand
ihres Pfarrers.

IX. Texte aus der neunten Ausgabe (15.09.1919)

IX.1 Johann Thöllden: Tagung Thüringer Heimatglöckner in Erfurt [Seite 1f.]

Allen Sorgen und Bedenken zum Trotz haben wir uns am 17. Juni zu unserer gewohnten Jahrestagung, der siebenten, in Erfurt zusammengefunden, und der Erfolg hat tapferer Zuversicht recht gegeben. In fast 80 Mitarbeitern hatte das Bedürfnis nach Rat und Aussprache über alle Bedenken gesiegt, und als unser getreuer Vorarbeiter Niese bald nach 2 Uhr die Versammlung eröffnete, spürten wir bald die alte unverdrossene Arbeitsfreudigkeit von ihm auf uns ausströmen und wieder zurückfluten. Der gleiche Geist wehte uns dann entgegen aus den Worten des Leiters des Evangelischen Presseverbands für Deutschland, Pfarrer Hinderer-Berlin-Steglitz, der uns die Gewissen schärfte für die Bedeutung der Presse und unserer Arbeit für sie. Was fordert die neue Lage von uns, von der amtlichen Kirche und von den freien Vereinigungen? Das war die Frage, auf die er Antwort suchte und fand, zunächst in der allgemeinen Forderung: wir müssen die Presse endlich einmal wirklich ernst nehmen und das geschriebene Wort neben das gesprochene als gleichwichtig in unsern Pflichtenkreis einstellen. Wir dürfen diese Arbeit nicht mehr dem zufälligen Geschick und guten Willen einzelner überlassen, sondern müssen sie als Gewissenssache betrachten lernen. Im Ganzen kann ja solche Arbeit nur gedeihen im Geiste der Freiheit und Unabhängigkeit, aber die Kirche muß doch Wege bahnen und Bewegung schaffen durch Aufwendungen, die wirklich dem Ernst der Sache entsprechen, durch Einrichtung eines Presseamtes und Aufstellung eines Pressepfarrers, sowie durch Ausbau einer kirchlichen Volkspresse. Sie muß endlich heraus aus der so tief gewurzelten, aber darum gerade so gefährlichen und falschen Zurückhaltung der Presse gegenüber, muß Vertrauen zu ihr gewinnen und ganz anders als bisher ihre Möglichkeiten ausnützen. Der Einzelne aber darf den amtlichen Auftrag nicht erst abwarten, sondern muß in freier Entscheidung selbst ans Werk gehen. Es ist da schon viel getan worden. Neben 2 Millionen sozialdemokratischen und 4 Millionen katholischen, erscheinen 8 Millionen evangelische Blätter. Wenn diese Riesenscharen einen so verhältnismäßig geringen Einfluß ausüben, dann liegt das zum guten Teil an der großen Zersplitterung, in der sie arbeiten und die überwunden werden muß durch Einheitlichkeit und Geschlossenheit, die bei aller Wahrung der persönlichen Gestaltungskraft doch anzustreben sind. Weiter liegt dieser Mangel an Erfolg begründet in dem Mangel an Mut. Wir schweigen zu oft und wehren uns zu wenig, finden zu selten das befreiende Wort, auf das die Menschen doch so oft warten. Wir brauchen mehr offensiven Geist dem Leben gegenüber, in das wir hineingestellt sind. Damit er lebendig werde, bedarf es einer zielbewußten Führung, die nach allen Seiten Winke und Anregungen ergehen läßt und die Arbeit und Arbeiter der kirchlichen Presse organisiert.

Die Aufgaben, die uns inhaltlich zuwachsen, sind ernst genug. Es gilt vor allem den Glauben, der unter den Zeitereignissen hilflos zusammengebrochen ist, wieder stärken und aufrichten. Das sittliche Bewußtsein, das so schwer gelitten hat, ist zu schärfen und die Begriffe Familie, Eigentum, Staat sind in ihrer Bedeutung neu herauszustellen. Endlich gilt es mitzuhelfen am Herausarbeiten einer neuen staatsbürgerlichen Gesinnung. So fällt gerade uns die Hauptsorge mit zu am Werden des Neuen.

Die Form endlich fordert echte Volkstümlichkeit. Mehr Aufgeschlossenheit für die Fragen und Sorgen der Gegenwart! Mehr Anschaulichkeit, statt der vielen Gedanken, die nicht Leben gewinnen wollen! Vor allem aber mehr Freudigkeit! Kritik und Klage, in denen wir uns, meist ohne Erfolg, so oft ergehen, erziehen nur zu Selbstgerechtigkeit und Mutlosigkeit. Wir dürfen nicht nur immer vom Schlechten reden, das sich breit macht, sondern zuerst vom Guten, das sich regt. Alle guten Geister des Mutes, der Zuversicht und des Vertrauens müssen in unsern Worten auferstehen und zu den verzagten Seelen reden, damit diese Seelen wieder Vertrauen gewinnen zu sich selbst.

So öffneten sich uns in den Worten des Vortragenden immer neue Wege und Arbeitsmöglichkeiten und riefen den Willen auf zur Arbeit. Nur nicht kleinmütig zagen, sondern treu arbeiten im Kleinen, die Stunde forderts, und es wird nicht umsonst sein: das war der Entschluß, zu dem sich jeder durchgerungen hat – für seine Arbeit an der Presse.

Die Aussprache über den Vortrag war wie der Vortrag selbst anregend und lebendig und hat manches geklärt und gefördert, was uns bewegte.

Die Berichte der Landesheimatglöckner bekunden naturgemäß einen starken Rückgang der Leser infolge des Ausscheidens der feldgrauen Leser und andererseits eine starke Steigerung der Druckkosten; trotzdem sind nur ganz wenige Herausgeber müde und verzagt geworden in ihrer Arbeit: die allermeisten zeigen den festen Willen, durchzuhalten.

Pfarrer Siegel-Unterlauter berichtet über S.-Coburg. Die Zahl der Leser beträgt noch 7000 gegen 12–14000 vorher, nur zwei Gemeinden schieden aus. Die Selbstkosten sind auf 4,6 Pf. pro Nummer gestiegen.

Pfarrer Köllein-Warza stellt für S.-Gotha jetzt 10000 Leser fest (1918: 26000). Davon entfallen auf: 1. Grundblatt des Pfarrervereins in 27 (37) Auflagen 6220 (gegen 14000) Leser; die Selbstkosten betragen 17,8 (3,88) Pf. 2. Gemeindeblatt der Stadt Gotha 1775 (1100 ohne die Feldsendungen) die Selbstkosten 10 (4) Pf. 3. Herbsleben, Fahner, Werningshausen 1100 (1800) Leser und 13,2 (10,8) Pf. Selbstkosten. 4. Ilmenauer Grundblatt in Manebach 270 (500) und in Gera 400 (800) Leser. 5. Berliner Grundblatt in Nazza 200 (370) und Neukirchen 250 (270) Leser. 6. Elgersburg 325 Leser, 3,78 (2,44) Pf. Selbstkosten. 7. Georgenthal und Gräfenroda gehen ein und Ruhla verbindet sich mit Ruhla W.-A.

Pfarrer Winkler, bisher Ronneburg, jetzt Windischleuba, berichtet über ein erfreuliches Fortschreiten der Arbeit in S.-Altenburg. Die Leserzahl wechselte: 8710-9730-8760. Die Selbstkosten betragen 7 Pf. [2]

Aus S. Meiningen liegen wenige Nachrichten vor. Die Leserzahl ist von 26000 auf 11000 gesunken, die Selbstkosten sind von 8 auf 10 Pf. gestiegen. In Arnstadt hat Pfarrer Kummer am 1. April ein Gemeindeblatt ins Leben gerufen, das in sieben Ausgaben erscheint, an 5400 Leser verteilt wird und guten Erfolg verspricht. Die Kosten betragen 3,5 Pf.

Das Blatt des Amtsbezirks Gehren hat die Zeit gut überstanden.

Der Schwarzburgbote zählt noch 2100 Leser, seine Selbstkosten haben sich nicht wesentlich gesteigert, er nimmt Anzeigen auf.

Für S.-Weimar stellt Superintendent Niese im allgemeinen einen Rückgang der Auflagenziffer fest. Über 9 Gruppen liegen besondere Berichte vor. Ihre Auflagenhöhe war im Kriege etwa 49000, jetzt ist sie 28000. Die Selbstkosten haben sich von 3-5 auf 12-17 Pf. im Durchschnitt gesteigert.

Es schließt sich noch eine kurze Aussprache über den Wert der Anzeigen an, ohne daß man darüber zu gemeinsamen Entschließungen kommt. – Im Allgemeinen geht aus dem Berichteten hervor, daß die Heimatglockenarbeit, wo nur treue Heimatglöckner an der Arbeit sind, auf festem Boden steht und empfänglichen Boden gefunden hat. Mag auch in den Reihen der heimgekehrten Feldgrauen vielfach der Dank vergessen sein, den man aus der Ferne so freudig gespendet hat, so darf das kaum verwundern oder erschrecken, keinesfalls aber entmutigen, es ist das doch im Grunde nur eine Begleiterscheinung des Wechselfiebers, das unser Volk überfallen hat.

Jedenfalls haben wir alle neue Freudigkeit und neuen Willen zu unserer Arbeit gerade von dieser siebenten Tagung mit heimgenommen. Gott aber segne sie auch weiterhin an unsern Gemeinden.

IX.2 JOHN MÖLLER: DER SCHWARZBURGBOTE [SEITE 2F.]

Als im Sommer 1906 der Pfarrerverein für Schwarzburg-Rudolstadt gegründet wurde, tauchte naturgemäß die Frage auf, welche praktischen Aufgaben man nun zunächst in Angriff nehmen wollte. Für eine Besserung des Gehaltes der Geistlichen einzutreten, verbot sich damals, weil eben vorher erst die Einkommensverhältnisse der Geistlichen neu geregelt waren. Da erkannte man es als eine notwendige Pflicht, sich der Presse anzunehmen und namentlich auf kirchlichem Gebiete auf Besserung bedacht zu sein. Dazu kam, daß die kirchenrechtlichen Zustände in Schwarzburg-Rudolstadt eine Änderung sehr nötig machten. So beschloß man denn, eine kirchliche Zeitschrift herauszugeben, die in den Gemeinden das kirchliche Heimatsgefühl wecken, die mit den kirchlichen

Vorgängen in der Heimat wie in der ganzen Welt bekanntmachen, sowie für die Erneuerung der Kirchenverfassung erwärmen sollte. Sie sollte den Namen »Schwarzburgbote« führen, monatlich erscheinen und nach Möglichkeit in allen Gemeinden von Schwarzburg-Rudolstadt verbreitet werden. Über die Aufgaben heißt es in der ersten Nummer:

»Rückwärts will der Bote den Blick lenken und berichten von dem, was unser Schwarzburger Land, unsere Kirchen und Gemeinden, unsere Schulen und Häuser in den vergangenen Jahrhunderten erlebt und erlitten haben. Aus der Geschichte unserer Heimat will er in warmer Heimatliebe erzählen und so den Heimatsinn pflegen. – Mit dem Heimatsinne will der Bote den Gemeindesinn wecken. Darunter versteht er sowohl den Sinn für die Einzelgemeinde, als auch das Gefühl der Zusammengehörigkeit. Der Begriff »Gemeinde« muß ausgebildet, die Einzelgemeinde gekräftigt werden; das ist die notwendigste Aufgabe der Gegenwart. Jede Einzelgemeinde im freien machtvollen Strome von tatkräftigem evangelischen Christentume durchströmt, alle selbständigen Einzelgemeinden in einer Landessynode zu einem lebensvollen Ganzen zusammengeschlossen: das ist das lichte Bild der Zukunft. Solch herrliches Ziel wird nicht erreicht ohne zielbewußte Erziehungsarbeit. Diese will an seinem Teile der Schwarzburgbote leisten; er will in allen kirchlichen Dingen aufklärend, anfeuernd, aufbauend wirken.

Darum lautet seine zweite Losung »Vorwärts«. – Damit ihm dies gelinge, heißt seine dritte: »Aufwärts«, nach dem alten guten Spruche: »An Gottes Segen ist alles gelegen.« Herz und Geist will er emporrichten zu dem Gotte unseres Heils, der allein uns große Gedanken und einen edlen, menschenfreundlichen Sinn gibt.

Dreifach sind die Wurzeln des Boten:
Vergangenheit, Gegenwart, Ewigkeit,
und drei Blüten will er treiben:
Heimatsinn, Gemeindesinn, Gottessinn.«

Die Leitung des Blattes zu übernehmen, erklärte sich Garnisonspfarrer Krüger in Rudolstadt bereit. Er hat auch die erste Nummer zusammengestellt, sowie alle Vorarbeiten, Verhandlungen mit der Druckerei, Berechnung der Kosten usw. geleistet. Dann aber trat er von der Leitung zurück; und damit schien das ganze Unternehmen zunächst gefährdet. Denn als Zeitpunkt für das Hervortreten war die erfahrungsmäßig günstigste Zeit, das letzte Viertel im Jahre, gewählt. Nun aber fehlte die leitende Kraft. Da sprang als vorläufiger Schriftleiter Pfarrer Möller in Eichfeld ein; aus dem vorläufig ist aber ein dauernd geworden.

Die Aufnahme des Blattes war verhältnismäßig günstig. Schon im Februar 1907 konnten 1000 feste Leser gemeldet werden. Von da an ging allerdings die Ausbreitung mit langsameren Schritten vor sich. Bis zum Beginn des Krieges war die Auflage ständig 1700. Als im Jahre 1909 der Fürst von Schwarzburg-Sondershausen gestorben und durch die Übernahme der Regierung durch den Fürsten von Schwarzburg-Rudolstadt die Vereinigung beider Fürstentümer nähergerückt war, regte unser Pfarrerverein bei dem Sondershäuser an, den Schwarzburgboten auch in Sondershausen einzuführen, womit dieser auch einverstanden war. Aber der Versuch, der für uns mit erheblichen Unkosten verknüpft war, scheiterte, indem die Einführung nur in ganz vereinzelten Gemeinden gelang. Dadurch wurde unsere so schon ungünstige geldliche Lage noch ungünstiger. Denn die vor dem Erscheinen aufgestellte Berechnung, wonach ein Jahresbezugsgeld von 60 Pfg. ausreichen würde, erwies sich als unrichtig. Nur dadurch, daß der Landesverein für Innere Mission und der Schriftenverein von Schwarzburg-Rudolstadt jährlich nennenswerte Beihilfen gewährten, konnte das Blatt gehalten werden. Auch durch Aufnahme von Anzeigen suchte man die Lage zu verbessern. Aus dem Lande selbst erhielt man wenig Anzeigen, und beim Werben außerhalb läuft man immer wieder Gefahr, auf unsichere Kantonisten zu stoßen, die nachher bei Anforderung der Zahlung versagen.

Der Inhalt des Blattes gliedert sich nach folgenden Gesichtspunkten: Kirchliche Fragen und Aufgaben. Kirchenrechtliches und Kirchenpolitisches. Kirchliche Feste, Sitten und Zeiten. Kirchliche Vereine und Anstalten. Geschichtliches. Außerdem beginnt jede Nummer mit einem kurzen Geleitworte und bringt womöglich eine Übersicht »Aus kirchlicher Warte«, kirchliche Nachrichten aus der Landeskirche und einen kirchlichen Anzeiger. Die Monatsnummer umfaßt in der Regel 8 Seiten. Dem Schriftleiter, der dem Pfarrerverein verantwortlich ist, steht ein Preßausschuß von 3-4 Personen zur Seite, der ihn beraten, unterstützen und z. B. bei Ablehnung von eingesandten Arbeiten decken soll. Die Mitarbeit läßt manches zu wünschen übrig, so daß der Schriftleiter namentlich in neuester Zeit die ganze Nummer allein zusammenstellen muß.

Bald nach Beginn des Krieges tauchte der Gedanke wieder auf, der schon bei der Begründung im Vordergrunde gestanden, aber keine Ausführung gefunden hatte. Es sollte die letzte Seite jeder Einzelgemeinde zu Berichten über ihr kirchliches Leben zur Verfügung stehen und das Blatt so ein rechtes Heimatblatt werden. Jetzt, wo aus jedem Orte eine nicht geringe Zahl von Einheimischen draußen stand, wurde der Wunsch lebendig, ihnen regelmäßig einen Gruß der Heimatgemeinde zu senden. Der Schwarzburgbote erklärte sich mit | [3] Freuden dazu bereit; aber im wesentlichen hat nur der Kirchenkreis Rudolstadt davon Gebrauch gemacht; aus den Kirchenkreisen Stadtilm, Königsee und Leutenberg kamen nur vereinzelt Berichte. Frankenhausen schuf sich ein eigenes Blatt. Aus den ungemein zahlreichen Zuschriften ergibt sich, daß man draußen den Boten immer mit Freude begrüßte. Jetzt nach Beendigung des Krieges hat diese Berichterstattung wieder ganz aufgehört. Ein Gemeindeblatt nach Art der Heimatglocken ist der Schwarzburgbote nicht geworden. Gegenwärtig wird er es als seine Hauptaufgabe ansehen müssen, in den Wirren und Fragen der kirchlichen Neuordnung aufklärend, anregend und christlich-kirchlich festigend zu wirken. So kehrt er in einem Teile zu dem zurück, was als Aufgabe schon an seiner Wiege stand. Und wir hoffen, daß er hierin manch gutes kräftiges und förderndes Wort finde!

IX.3 PAUL NIESE: DRESDENER EVANGELISCHE PRESSETAGUNG [SEITE 3F.]

Dem Kirchentag in Dresden ging eine Pressetagung vom 28. August bis 1. September voraus. Sie wurde eingeleitet durch eine Berufsarbeiter-Konferenz der Evangelischen Presseverbände. An ihr nahmen die Leiter der verschiedenen größeren und kleineren evangelischen Presseverbände Deutschlands teil, die in eingehender Beratung die mancherlei gegenwärtigen Sorgen, Fragen, Wünsche, Aufgaben auf dem Gebiet evangelischer Pressetätigkeit besprachen.

Daran schloß sich der Evangelische Pressetag am Sonntag, den 31. August, an. In der Frauenkirche, diesem Musterbau protestantischer Kirchbaukunst, fand um 8 Uhr ein Gottesdienst statt. Oberkirchenrat D. Cordes-Leipzig hielt uns eine

Predigt über Röm. 12, 11.12, in der er die Presse, »die größte Menschenmacht«, nach ihrer Licht- und Schattenseite trefflich würdigte und unter feinsinniger Textauslegung die Gabe und Aufgabe evangelischer Pressetätigkeit zeichnete. Die Predigt soll gedruckt werden. Sie kann auch so uns Presseleuten zu rechter Ermutigung und Wegweisung dienen. Um 10 Uhr begann im schönen Gemeindesaal der Kreuzkirche (wie reich ist Dresden an solchen Stätten und Sälen!) die Tagung. Es werden etwa 60–80 Teilnehmer gewesen sein, also keine »große« Versammlung, aber viele Männer mit Namen guten Klanges aus allen Teilen Deutschlands. Oberpräsident a. D. D. Dr. von Hegel leitete die Verhandlungen. Direktor Hinderer zeichnete zuerst die gemeinsamen Aufgaben, die die entscheidungsvolle Zeit der ganzen evangelischen Pressearbeit stellt. Rein zahlenmäßig hat die evangelische Presse eine große Mannigfaltigkeit und Ausdehnung. 1918 zählte man 2 Millionen sozialdemokratische, 4 Millionen katholische, 8 Millionen evangelische Blätter. Aber der große Apparat ist wenig wirksam. Es kommt nicht zur rechten Massenwirksamkeit, weil uns der Wille zur Macht fehlt, weil wir in unserer Zersplitterung viele gute Kräfte vergeuden, weil uns die rechte Führung und ein rechtes evangelisches Programm fehlen. Und doch haben wir ein gemeinsames Ziel: Durch Christus zum Vater. Diesem Ziele muß auch die evangelische Presse dienen. Vom Gesichtspunkte der Sonntagspresse führte dann Pfarrer Lindemann-Oldenburg aus: Der Sonntagspresse fällt die Pflege der inneren und innersten Kultur zu. Sie hat diese Aufgabe zu erfüllen als eine kirchliche und eine vaterländische. Innerhalb dieser umfassenden Aufgaben haben einzelne Erzeugnisse der Sonntagspresse ihr Sondergebiet zu bearbeiten (Gemeinschaftspflege, Jugendpflege usw.). Alle unsere Arbeit muß auf kirchliche und nationale Sammlung gerichtet sein. Um ihren Dienst im weitesten Kreise tun zu können, muß der Sonntagspresse die weiteste Ausdehnung verschafft werden.

Sodann durfte ich über die Gemeindeblattpresse reden. Ich führte etwa folgende Gedanken aus:

»Die Gemeindeblätter sind die Zwerge unter den vielen Pressekindern. Aber sie haben ihre Kraft und Bedeutung und haben auf dem evangelischen Pressetag, der doch ein Stück guten Willens und ernsten Gewissens der evangelischen Kirche sein will, die wichtige Forderung: Jede evangelische Gemeinde muß ihr evangelisches Gemeindeblatt haben.

Die Gemeindeblätter haben sich seit Anfang dieses Jahrhunderts eingebürgert. Der Krieg hat ihre Unentbehrlichkeit bewiesen und ihnen eine ungeahnte Verbreitung gegeben. Daß wir die Waffen wegwarfen, mit denen wir so herrliche Taten vollbrachten, hat uns in Schmach und Elend gestürzt. Wollen wir jetzt auch die Gemeindeblätter wegwerfen, statt ihre reiche Kriegsarbeit in rechte Friedensarbeit überzuleiten? »Damit die evangelische Kirche nicht erliege, muß die evangelische Gemeinde lebendig werden«, so hat vor kurzem die Gefahr und Aufgabe unserer Zeit der greise und doch so jugendfrische D. O. Müller gekennzeichnet. Unsere Gemeinden zu Selbsttätigkeit und Selbstbewußtsein zu erziehen, sie zu sammeln und zu verbinden, damit eine wahre Volkskirche in heiliger Kraft und Schönheit aus den Wehen dieser Zeit hervorgehe, dazu ist das Gemeindeblatt ein kleines und doch großes Mittel. In dem durchaus nicht durch Kirchlichkeit ausgezeichneten Neustädter Kreis hat bei 60000 Einwohnern unser Gemeindeblatt mit 32 verschiedenen Ausgaben eine monatliche Auflage von fast 10000 Stück. Es kommt also auf etwa sechs Personen ein Blatt. Ähnlich ist es anderwärts und damit der Beweis erbracht, daß wir durch das Blatt an Auge und Ohr der einzelnen Gemeindeglieder herankommen, wie kaum auf einem anderen Wege.

Unter den verschiedenen Arten des Gemeindeblattes hat sich das Gruppensystem oder Anschlußblatt als das praktischste bewährt. Aber die Hautsache ist nicht der Streit um die beste Art des Gemeindeblattes, sondern daß jedes, wie es auch gestaltet sei, für die Gemeinde das Beste leistet.

Die Leistungen der Gemeindeblätter aber werden erst dann recht in die Höhe kommen und sich auf der Höhe halten, wenn die Gemeindeblattarbeit für ganz Deutschland gut organisiert wird. Der evangelische Preßverband hat bereits begonnen, in verständnisvoller Würdigung der Bedeutung und Leistung der Gemeindeblätter zu einer Mittelstelle für sie zu werden. Diese muß noch mehr als Werbestelle, Sammelstelle, Beratungsstelle und Werkstelle für die Heimatglocken ausgebaut werden. Vor allem müßte der Verband ein ähnliches Organ, wie wir es in den Mitteilungen für die Thüringer Heimatglöckner haben, für ganz Deutschland schaffen. Durch dieses Organ könnten die guten und bösen Erfahrungen, wie sie in der Mittelstelle gemacht werden und zusammenlaufen, zu Nutz und Frommen aller Heimatglöckner verwandt und für diese fruchtbar gemacht werden.

Freilich, die Hauptarbeit hat der einzelne Pfarrer zu tun, nicht als besondere Liebhaberei, sondern als ernste Amtsobliegenheit. Beim rechten Suchen und Anklopfen fehlt es ihm nicht an geeigneten Mitarbeitern und findet er auch die Mittel, um die heute so beträchtlich gestiegenen Kosten für das Blatt aufzubringen. Im Vordergrund aber muß jetzt im Gemeindeblatt die Behandlung der ernsten, schweren Fragen der Zeit stehen, wie sie die Auseinandersetzung zwischen Kirche und Staat, Kirche und Schule, die schweren Schäden und furchtbaren Gefahren für Leib und Seele unseres Volkes uns aufs

Gewissen legen. Das alles will zugeschnitten auf die einzelne Gemeinde, auf den einzelnen Kirchenkreis, behandelt sein. Im sogenannten örtlichen Teil aber darf man sich nicht mit dürftigen Notizen begnügen. Wie die Glocken zum Gottesdienst rufen und, wenn sie geläutet sind, noch lange nachklingen, so müssen die Heimatglocken ein steter Weckruf zur Teilnahme am gottesdienstlichen Leben (nicht ein Ersatz desselben) sein und muß in ihnen das weiterklingen, was im Gottesdienst die Gemeinde bewegt hat. Und wieviel hat sonst ein Pfarrer, der aufrichtig am inneren und äußeren Leben seiner Gemeinde teilnimmt, als Frucht von dem vergangenen Monat und als Saatkorn für den kommenden in seinem Monatsbrief seiner Gemeinde zu geben!

Darum gilt es, daß die, die bereits in der Heimatglockenarbeit stehen, nicht ermüden, und daß immer mehr Arbeiter gewonnen werden, die in sie eintreten, damit das Ziel erreicht wird: Jede evangelische Gemeinde hat ihr Gemeindeblatt.«

Für die Tagespresse sprach der Schriftleiter von der »Täglichen Rundschau« Schindowski. Wieviel Altes und Neues, Praktisches und Beachtenswertes konnte man da aus kundigstem Munde hören, wie die Tagespresse geschäftlich und politisch abhängig ist, wie sie die evangelische Kirche sucht und doch oft so wenig und unpraktisch von ihr unterstützt wird. Eine Frucht dieses Vortrages war es, daß man an den Kirchentag den Antrag stellen wolle, daß dem Kirchenausschuß eine Propagandaabteilung für die Presse angegliedert werde. Darüber wurde lange eingehend verhandelt, bis man die rechte Formulierung fand. Aber auch allerhand andere Pressefragen wurden angeschnitten, auf die wir gelegentlich weiter eingehen wollen. Zum Schlusse einigte man sich dahin, daß eine dauernde Organisation der ganzen evangelischen Presse und weitere Pressetage sehr erwünscht seien, und es wurden die, welche als Vortragende bei dem ersten Pressetag gewirkt hatten, zum Vorstand des [4] Pressetages bestimmt. Mögen unter Führung von Direktor Hinderer dem ersten Pressetage mit seinen anregenden fünfstündigen Verhandlungen recht viele von guter Bedeutung folgen.

Am Vormittag des Montag[s], den 1. September, tagte der Verband der Deutschen Evangelischen Sonntagspresse. Der Vorsitzende des Verbandes, Pastor Studemund-Schwerin leitete die Verhandlungen durch eine ernste biblische Ansprache über Jesu Wort: »Ich bin der Weg« ein und hielt dann einen eingehenden Vortrag über das Thema: Was kann die Kirche von den Sonntagsblättern, und was können die Sonntagsblätter von der Kirche erwarten? Die Sonntagsblätter sollten als eine Art Kirchenzeitung für das Kirchenvolk dazu mithelfen, daß die Leser zu entschiedenen, kraftvollen Christen werden. Möglichst frei von Parteipolitik sollen sie die Leser anleiten, die Zeitereignisse im Lichte des Wortes Gottes zu beurteilen. Die »Kirche« aber soll nach jeder Richtung an den Sonntagsblättern mitarbeiten, sie verbreiten und dafür sorgen, daß diese in dem Besitz kirchlicher Organisationen verbleiben bezw. in solchen übergehen. – Die sehr lebhafte Aussprache beschäftigte sich mit der Frage, inwieweit Politik in den Sonntagsblättern eine Stelle haben dürfe. Aus allen Teilen Deutschlands wurde bestätigt, wie einseitige Parteinahme entschiedenem Widerspruch aus dem Leserkreise begegnete. Einer berichtete, er vermeide alle Worte, wie Sozialdemokrat usw. Sei auch die Wochenschau möglichst politisch farblos zu halten, so müsse sie doch von vaterländischem und christlichem Geiste durchweht sein. Senior von Staden-Stade sprach dann über den literarischen Wert der Sonntagsblatt-Erzählungen. Mit nur zu berechtigter Kritik geißelte er den durchschnittlich sehr geringen Wert der Sonntagsblatterzählung, ihre Unwahrhaftigkeit, ihre Schwülstigkeit, ihre Billigkeit, ihren Mißerfolg. Gerade das Beste aus anerkannt tüchtigen Federn sei für das Sonntagsblatt gut genug. Weitherzig meinte er, daß nicht die sogenannte Christlichkeit der Maßstab für die Erzählung sein dürfte. Was nicht gegen das Christentum sei, sei zu berücksichtigen, wenn es sonst den zu stellenden Ansprüchen genüge. Wir können bei dem beschränkten Raum unserer Gemeindeblätter keine Erzählungen, vor allem keine fortlaufenden Erzählungen bringen, obwohl mir gegenüber schon manchmal der Wunsch danach geäußert wurde. Aber da und dort werden wir doch einmal eine kurze Erzählung bringen. Legen wir auch da den höchsten und besten Maßstab an sie an! Wiederholt klang bei den Verhandlungen der Gedanke durch, daß man doch die schriftstellerischen Leistungen bei der Sonntagspresse besser bezahlen müsse, dann könne man auch Besseres fordern und verlangen. Wir leisten zumeist unsere schriftstellerische Arbeit unentgeltlich und wollen das auch zunächst nicht aufgeben. Aber wir sollten uns nicht scheuen, einige Mark anzulegen, um einmal unser Blatt mit einem guten Bild zu schmücken oder gute Artikel zu erwerben. Wir müssen jetzt so bedeutende Summen für die Druckkosten anlegen und aufbringen, da dürfen wir dann wegen etlicher Mark für die eigentliche geistige Arbeit an unserem Blatt nicht ängstlich sein, sondern sollten ruhig für treffliche Artikel und gute Bilder etwas bezahlen. An die Vorträge bei der Tagung der Sonntagspresse schlossen sich die üblichen geschäftlichen Verhandlungen zum guten Schlusse an. Sind auch im Verband der Sonntagspresse in erster Linie die Sonntagsblätter, von denen es eine große Zahl und Mannigfaltigkeit gibt, zusammengefaßt, so war die Tagung doch auch für die Heimatglöckner recht anregend, und ich freue mich besonders, bei der Gelegenheit so manchem persönlich begegnet zu sein, dessen Name durch seine Pressearbeit einem längst bekannt war.

PERSONENREGISTER

Anmerkung: Sämtliche bekannten Vornamen sind ausgeschrieben. Bei mehreren Vornamen ist der Rufname, insofern bekannt, kursiv gekennzeichnet. Im Vorwort, im Inhaltsverzeichnis und im einleitenden Text sind diese Personen dann nur unter ihrem Rufnamen angeführt.